Franz von Holtzendorff, Ernst Bezold

Handbuch des deutschen Strafrechts in Einzelbeiträgen

Franz von Holtzendorff, Ernst Bezold

Handbuch des deutschen Strafrechts in Einzelbeiträgen

ISBN/EAN: 9783744658430

Hergestellt in Europa, USA, Kanada, Australien, Japan

Cover: Foto ©Suzi / pixelio.de

Weitere Bücher finden Sie auf **www.hansebooks.com**

Handbuch

des

deutschen Strafrechts.

In Einzelbeiträgen

von

Geh. Ober-Postrath u. Prof. Dr. Dambach, Prof. Dr. Dochow, Prof. Dr. Engelmann, Prof. Dr. Geyer, Prof. Dr. Heinze, Prof. Dr. v. Holtzendorff, Prof. Dr. John, Prof. Dr. Liman, Prof. Dr. Merkel, Staats-Anw. Meves, Kammergerichts-Rath Schaper, General-Staats-Anwalt Dr. Schwarze, Prof. Dr. Skrzeczka, Prof. Dr. Teichmann, Prof. Dr. Wahlberg,

herausgegeben

von

Dr. Fr. v. Holtzendorff.

Alphabetisches Sachregister

nebst einem

Congruenzregister

zu den drei Bänden

von

Bezirksgerichtsrath Dr. Ernst Bezold.

Berlin 1874.

C. G. Lüderitz'sche Verlagsbuchhandlung

Carl Habel.

33. Wilhelm-Straße 33.

I. Alphabetisches Register.

	Band.	Seite.
Aberkennung von Rechten .	II	126
Aberratio actus	II	175
Aberratio ictus	II	175
Abfall vom Glauben . . .	I	44
Abkauf der Strafe (späteres Germ. R.)	I	61
	u.	64
Ablaßwesen	I	49
	u. 50. II	443
Daringelegenes Compositionensystem	I	50
Abschreckungstheorie . . .	I	37
	49, 92 u.	256
verlassen	I	89
Abschreckungszweck. Canon. R. (in der späteren Zeit)	I	49
Röm. R. (Byzantiner) bei der Hochverrathsgesetzgeb.	I	37
	u.	38
Im Uebr. s. unter Strafzw.		
Absicht	II	196
	u.	271
bei Anstiftung	II	364
bei Versuch	II	234
Verschieden von Vorsatz .	II	196
Absolut bestimmte Strafandrohungen verwerflich . .	II	548
Absolut od. relativ bestimmte Strafart	II	549
	u.	550
Absoluter Inhalt (Substanz) der Strafe	I	321
Das Uebrige. s. unter Strafe, Strafmittel.		
Absolute Theorien	I	243
Absperrungsmaßregelverletzung bei Epidemien und Viehseuchen	III	868
	906 u.	908
Abstufungen der Zurechnung	II	568
Abtreibung	III	455ff.
in der C. C. C.	I	70
	III	456
im Röm. R.	I	32
Modern. Recht, RStrR. Frage der Strafbarkeit, geschichtliche Entwickelung .	III	455
Academisches Interesse am Gem. Deutschen Strafrecht	I	84
Academische Preisfragen üb. strafrechtl. Streitfrag. Ende des 18. Jahrh.	I	83
	u.	84
Acht	II	1261
	u.	450
Achtung vor den Behörden als Gegenstand des Verbrechens	II	117
Achtung vor dem Gesetz als Gegenstand d. Verbrechens	II	117
Advokaten, ihre Verbrechen u. Vergehen im Berufe s. unter Amtsverbrechen.		
Aechtung nach altröm. Str.R.	I	23
Affekt als allg. Strafmilderungsgrund	II	566
Affekte	II	263
Agents provocateurs . . .	II	349
Allgemein gefährdende Uebertretungen	I	6
Das Uebr. s. unter Gemeingefährl. 2c.		
Allgemeine Lehren des Str.R. Produkt d. reinen Wissensch.	I	86
Allgemeiner Milderungsgr. b. Jugend v. Ges. bestimmt	II	552
Allgemeine Milderungsgr.	II	563ff.
Allgemeiner Theil d. Str.R. im 19. Jahrh. v.d. Wissensch. mit Vorliebe behandelt .	I	86
Allgemeine Strafzwecke. Röm. R.	I	38
Alte peinl. Rechtsgelehrsamk.	I	83
Alternative Strafbestimm. .	II	437
Altröm. Bürgergemeinde, Verhältniß zum Str.R. . .	I	22
Altrömische Volksreligion in Auflösung	I	25
Amerikanisches Duell . . .	III	417

1*

Band. Seite.

Amtsbedrückung
Röm. R. ...... I 27
Im Uebr. s. uuter Amts-
verbrechen.
Amtsbefugnisse-Ueberschreit. II 124
Ebenso.
Amtsbestechung
Röm. R. ...... I 27
D. Uebr. s. uuter Amts-
verbrechen.
Amtsbewerbung, unredliche . I 28
Amtserschleichung
Röm. R. ...... I 28
Amtsgewaltmißbrauch .. II 124
S. Amtsverbrechen.
Amtssiegel, Vergeh. an solchen I 186
Im Uebr. s. Vergehen an
Amtssiegeln.
Amtsverbrechen u. Vergehen
im Allgemeinen.... III 915ff.
Canon. R........ III 916
Französisches R..... III 918
Gemeines Deutsches R. . III 917
Preußisches R..... III 920
Röm. R....... I 27
u. 36 III 915,
Strafgesetzb. d. Dent-
schen Reiches, dessen be-
züglliche Entstehungsgesch. III 924
Abriß u. Kritik des Abschn. III 925
u. 927
„Amtliche" u. „Nichtamtl."
Amtsdelikte ..... III 1013
„Beamter" ..... III 932ff.
Disziplinarstrafrecht .. III 939
„Eigentliche (reine)" u. „Un-
eigentliche" Amtsdelikte . III 946
Stellung des R.Str.G.B.
gegenüb. d. früheren Rechte
des Norddeutsch. Bundes III 932
dem Landesstrafrecht .. III 928
Amtsverbrechen u. Vergehen
im Einzelnen
Amtsvorgesetzten-Delikte . III 1010
Befreiung Gefangener.. III 949
u. 954
Bestechung...... III 963ff.
Beugung des Rechts .. III 977ff.
Freiheitsberaubung ... III 949
u. 953
Hausfriedensbruch ... III 949
u. 953
Körperverletzung.... III 949
u. 952
Personenstandsbeam-
tenvergehen... III 1008
Post- u. Telegraphen-
beamtenvergehen . III 1002

Band. Seite.

Prävarikation ... III 1015
Religionsdienerverg. III 1018
Unterschlagung amtlich
anvertrauter Gelder .. III 957
Uebervortheil. (§ 352
R.Str.G.B.) .... III 998
Urkundenbeseitigung u.-ver-
nichtung ...... III 956
Urkundenfälschung . III 991ff.
Analoge Gesetzsanwendung
in den röm. Kaisergerichten I 32
u. 33
Analogie als Gesetz-Ausleg.-
behelf (Gesetzesanalogie) . II 74
alsGesetz-Ergänzungsmittel
(Rechtsanalogie) ... II 76
Im Uebr. s. unter Auslegung
2c. u. nuter Ergänzung 2c.
Analyse, psychologische d. That II 258
Anordnahme v. Contrab. III 842
Aneignung verschossen. Mu-
nition ... III 838
„Angriff auf die kaiserl. Maj."
unter den Byzantinern . I 37
Angriffe auf das Leben über-
haupt nach dem R.Str.G.B. III 411
Anhalt'sches Strafgesetzbuch I 109
Anklageverfahren v. d.C.C.C.
neben dem Inquisitionspro-
zesse beibehalten .... I 72
Anreizungen unter Gefahr des
Friedens III 168
Anstiftung, Das Einzelne s.
unter Theilnahme ... II 336
Irrthum II 341
u. 360
Mitanstiftung ..... II 376
Mittel II 350
Persönliche Verhältnisse, auf
beiden Seiten Einfluß . II 365
Strafe II 368
Versuch II 287
u. 344
Das Uebr. s. unter Theil-
nahme.
Anstiftung beim Meineid . III 240
Anthropologie, Betheiligung
am Strafrecht ... I 14
Antiökonom. Strafmittel . II 436
Antrag Kräwel am I. Deutsch.
Juristentag 1860 auf Wie-
derherstellung eines deutsch.
Strafrechts angenommen I 90
Antragsverbrechen ... I 9
u. 10 II 128
Anwälte, ihre Verbrechen u.

	Band	Seite
Vergeh. im Berufe s. Amts-verbrechen.		
Anwendung der Strafe s. Strafanwendung.		
Anwendung des Strafgesetzes auf Ausländer u. dgl. s. unter Wirkungskreis des Strafgesetzes.		
Anzeigepflicht v. bevorstehenden Verbrechen	II	120 u. 391
Anzeige-Unterlassung	III	197
Aqua et igni interdictio	I	25 u. 26
besteht nur noch nominell unter den Imperatoren	I	33
Arbeitszwang bei der Freiheitsstrafe	II	486ff.
nach röm. Recht zur Zeit der Imperatoren	I	33
Arbores furtim caesae (XII. Tafeln)	I	24
Arzneiwissenschaft u. Jurisprudenz, gemeinf. Aufgabe	I	16
Aerzte s. Falsche Gesundheitszeugnisse.		
Asylrecht	I	45 u. 58
Auburn'sches Schweigsystem	II	493
Aufforderungen, strafbare	III	96
Auffordr. zur Begehung strafbar. Handlungen	III	108ff.
Spezialfälle	III	112ff.
und zwar zu einer Handlung des § 82	III	112
zu militär. Ungehorsam	III	114
Aufforderung zum Ungehorsam	III	101ff.
Aufgabe der Gesetzgebung (vgl. dieses Wort), ausdrücklich zu bestimmen, in welchen Grenzen die Rechtsunkunde dem Laien als Strafausschließungsgrund zu Gute zu rechnen sei.	II	212
Aufklärungsperiode	I	91
Auflauf	III	135ff.
"Auflehnung geg. das Dogma der Hierarchie" im späteren Canon. Rechte	I	48
Auflehnung geg. die Obrigkeit s. Widerstand u. dgl.		
Aufruhr	III	129ff.
Aufsicht auf Fremde in Rom	I	30
"Auge um Auge"	I	18
Im Uebr. s. Talion.		
Ausland und Ausländer in Bezug auf Anwendung v.		
Strafgesetzen s. unter Wirkungskreis des Strafgesetzes.		
Ausländer, ihre Beurtheilung bei dem Hochverrath	III	7
Ausländische Doktrin, Einfluß seit C. C. C.	I	74
Ausländische Gesetzgebungen s. unter Außerdeutsch. Gesetz.		
Auslegung des Gesetz. (Vgl. Ergänzung 2c., Gesetz, Gesetzgebung)	II	67 bis 75
Analogie als Auslegungsbehelf (verschieden v. Analogie als Gesetz-Ergänzungsmittel vgl. unter Ergänzung 2c.)	II	74
Erforschung des wahren Gehalts d. Gedankens bei unbefangener Betrachtung d. Gesetzestextes	II	70
In dubio mitius	II	73 u. 74
Regeln d. Logik, Rechtswissenschaft, Sprache	II	72
Subsidiäre Erkenntnißquell.	II	74
Verschiedenheit d. Auslegung des Gesetzes von der Ergänzung des Gesetzes. S. unter diesen Worten.		
Volksgeist, Volkssprache	II	72 u. 73
Wissenschaft	II	72 u. 74
Auslieferung	II	60
Ausnahmejustiz (vgl. Crimina extraord.) im Röm. Recht schon Spuren während der Republik	I	31
Ausschluß der Möglichkeit anders zu handeln	II	178
Aussetzung	III	463
Ausübung staatsbürgerlicher Rechte betreffende Verbrechen und Vergehen	III	75ff.
Code pénal	III	77
Einleitung	III	75ff.
gegen gesetzgeberische Versamml. (§ 105, 106)	III	78ff.
Art des Angriffs	III	79
Objekt	III	79
"Unternimmt"	III	80
gegen Mitglieder gesetzgeberischer Versammlungen		
Mittel des Angriffs	III	81
Objekt	III	81
Vollendung	III	89
Wirkung des Angriffes	III	82

Band. Seite.

Wahl- dann Stimm-
recht betr.
„öffentl. Angelegenheiten“. III 84
„Stimmen“ . . . . . III 83
Wahlbestechung betr. . III 88ff.
Wahlfälschung betr.
Handlung . . . . . . III 87
Subjekte . . . . . III 87
Außerdeutsche Strafgesetz-
gebungen . . . . . I 141
Belgien . . . . I 201
Dänemark . . . . . . I 163
England . . . . . . I 169
Frankreich . . . . . . I 185
Griechenland . . . . I 221
Holland . . . . I 195
Italien . . . . I 205
Nordamerika . . . . . I 178
Norwegen . . . . . . I 159
Portugal . . . . . . I 218
Rußland . . . . . . I 225
Schweden . . . . . . I 153
Schweiz . . . . . . I 145
Spanien . . . . . . I 215
Türkei . . . . I 222
Außerord. Milderungsrecht . II 560ff.
Außerord. Strafmaß . . II 549
550 u. 551
Auswanderung, Verleitung
dazu . . . . . . III 210
Aeußerungen . . . . II 118ff.
Autonomie der wissenschaftl.
Kritik gegenüber der Ge-
setzgebung . . . . . I 11
Autorrecht s. Liter. Eigenth.

Badisches Strafgesetzbuch . I 111
112 u. 319
Bambergensis v. Jahre 1507 I 63
II 452
Quellen . . . . . . I 68
Bande . . . . II 415
beim Diebstahl . . . . III 682
Banditenwesen in Rom . . I 30
Bankerutt . . . . . . III 812ff.
Betrügerisch. Bankerutt . III 817ff.
Competenz der Landesge-
setzgebungen . . . . II 12
Einfacher Bankerutt . III 824
Kaufmännischer Bankerutt II 12
Motive über den Grund der
Nichtausdehnung auf Nicht-
kaufleute . . . . . . III 814
Nichtkaufm. Bankerutt . . II 12
Strafbarkeit des Bankerutts
überhaupt, nicht blos des
kaufmännischen? . . . III 813
Theilnahme . . . . . III 822

Band. Seite.

Voraussetzungen . . . . III 817ff.
Barbaren, Furcht Roms vor
ihnen . . . . I 35
u. 36
Strafbestimmungen in Be-
zug auf Verkehr mit ihnen I 36
Bauer . . . . I 260
Baugefahr . . . . . . III 910
Bayrisches Strafgesetzbuch
von 1813 . . . . . I 114
115, 116 u. 317
Bayrisches Strafgesetzbuch
von 1861 . . . . . I 116
117, 118, 119 u. 120
Beamte, Disciplinarstrafw. . II 537
Beamtennöthigung s. Nöthi-
gung ꝛc.
Beamtenthum unter den By-
zantinern . . . . . . I 36
Beamtenverbrech. ꝛc. s. Amts-
verbrechen ꝛc.
Beccaria . . . . . . I 83
u. 270
Bedingte Entlassung aus der
Strafhaft . . . . . . II 481
Bedrohung . . . . . III 581ff.
Im Aelteren deutsch. Rechte III 581
Im römischen Rechte . . III 581
Reichsstrafgesetzbuch
(§ 241) . . . . . . III 582ff.
Befreiung von Gefangenen III 142
Befriedete Sachen (Germ. R.) I 59
Begehungs- u. Unterlassungs-
verbrechen im Allgemeinen II 120
Begnadigung . . . . . II 629ff.
Begräbnißverweigerung siehe
unter Verweigerung ꝛc.
Begriff des Verbrechens . I 4
II 87ff.
Begehungsverbrechen . . II 120
Begriffsbestimmungen in
Gesetzgeb. u. Wissenschaft II 89
Eintheilungen nach
Rechtsverletzung . . II 102
Strafmaß . . . . II 98
Im Uebrigen . . . II 105ff.
Formen der That
Aeußerungen . . . II 118
Gedanken, Gesinnung . II 118
Gewalt . . . . . II 119
Handlung . . . . . II 120
Hinterlist . . . . . II 119
Unterlassung . . . II 119,
u. 120
Gegenstand der That II 115
Gesammtheit . . . . II 117
Persönlichk. (Arbeitsfähig-

Band. Seite.

keit, (Enthaltung von Aus-
schweifung, Gesundheit) . II 115
Mangelnde Rechtsver-
letzung . . . . . II 121
Einwillig. d. Verletzten II 127ff.
Gewalt als Pflicht . . II 123
                        III 421
Gewalt als Recht . . . II 125
                      u. III 421
Nothstand . . . . . II 133ff.
Nothwehr . . . . . II 137ff.
Staatliche Aberkennung. II 126
Wahnverbrechen . . . II 121
„Missethat" . . . . . II 88
Polizeiübertretung . . . II 96
Rechtsgefährdung, Rechts-
verletzung . . . . II 93ff.
Schuld . . . . . . II 110
Systematik der Strafgesetzb. II 102
That . . . . II 108
                    III ff. 115
That, Theilnahme . . . II 116
Thäterschaft . . . . II 111ff.
Juristische Personen . . II 111
Thiere . . . . . . II 117
Unterlassungsverbrechen . II 120
Verbrechen,Vergehen,Ueber-
tretungen . . . . . II 98
Vorsätzlich oder unvorsätzlich II 88
Zucht- und Rügerecht . . II 88
Zurechnung . . . . II 111
Begünstigung im Allgem.
u. Besonderen (§ 257
REtrGB.) (Vgl. Hehlerei) II 417ff.
                          III 735ff.
Im German. Recht II 420
Im Röm. Recht . . . II 419
Reichsstrafgesetzbuch,
dessen bezügliche Geschichte III 736
Begriff . . . . . II 417
                  III 739
„Hehlerei" . . . . . II 419
Keine Theilnahme . . . II 421
Nichtanzeige eines begange-
nen Verbrechens . . . II 427
Strafe . . . . . . II 425
                    III 742
Thatbestand . . . . . II 423
                      III 739
Behinderung der Rechtspflege
im Röm. R. . . . I 36
Beihilfe (Einzelnes s. unter
Theilnahme) ·
In der C. C. C. . . . I 70
Reichsstrafrecht.
Arten . . . . . . II 384
Ausschluß der culpa . . II 379
                      u. 380

Band. Seite.

Begriff . . . . . . II 379
Negative Beihilfe . . . II 391ff.
Rücktritt . . . . . II 400
Thätigkeit des Gehülfen . II 381
Beiseiteschaffung von Amts-
akten, Amtsasservaten,
Amtsdepositen u. Urkund. III 182
Beiseiteschaffung, Zerstörung
oder sonstige Entziehung v.
verstrickten Sachen . . III 189
Bekanntmachung des Urtheils
wegen Ehrverletzung auf
Kosten des Verurth. . . II 503
                        u. III 368
Beleidigung
im gemein-deutschen Recht III 331
im röm. Recht . . . . I 30
                    u. III 329
Reichsstrafrecht . . . III 335ff
Antragstellung . . . III 363ff.
Antragstellung bei Beleidi-
gung v.Beamten,Militär
u. Religionsdienern . . III 364ff.
Bekanntmach. des Urtheils II 503
                        u. III 368
(Einrede der Wahrheit) . III 360
Retorsion . . . . . III 369
Strafe . . . . . . III 366
Strafverfolgung . . . III 368
Thatbestand d. Gattungs-
begriffs . . . . . III 337
Insbesondere Mittel . III 342
Objekt . . . . . . III 337
Willensrichtung . . . III 340
Verleumderische Beleidig. III 352
Wechselseitige Beleidigung III 365
Beleidigung des Andenkens
Verstorbener . . . . III 272
                      u. 357
Beleidigung der Regenten s.
Majestätsbeleidigung.
Belgien . . . . . . I 3
                    u. 201
beneficium clericale . . . I 45
Bentham . . . . . . I 83
                  267¹ u. 436
Berechtigte Gewalt, unter-
lassene Anwendung . . . II 123
Bereicherungsverbrechen,
begreifen Diebstahl u. Un-
terschlagung, Raub u. Er-
pressung, Begünstigung u.
Hehlerei,Betrug u.Untreue III 621
Gemeinsame Streitfragen . III 622
                          u. 623
Bergwerke, Verurtheilung da-
hin als Strafart unter den
Imperatoren . . . . . I 33

Band. Seite.

Im Uebr. f. damnatio ad metalla.

Bergwerksarbeit, neuere Zeit II 440
Berührungspunkte d. StrR. I 6
Beschädigung an den Trägern des Verkehrs .... III 893ff.
und zwar an:
Eisenbahnen .... III 896
Gegenständen, bestimmt zum Gebrauch, Schutz oder Verbrauch für Alle III 900
Telegraphen .... III 897
Besondere gesetzliche Milderungsgründe (Provokation bei Körperverletzung und Todtschlag) ..... II 552
Besserungsanstalten, Disciplinarstrafwesen .. II 539
Besserungstheorie .. I 92 u. 263
Bestechung f. unter Amtsverbrechen.
Bestiis objici (vgl. Todesstrafe)..... I 33
Bestrafung von Geistlichen nach Justinian. Recht . I 38[1]
Bestrafungsrecht des Staats I 3
Betrug III 750ff.
Im gemeindeutschen Rechte I 72 u. III 751
Im röm. Rechte.... I 31 u. III 750
Im Strafgesetzbuch des Deutschen Reichs.. III 751ff.
Ausschluß d. rein passiv. Verhaltens .... III 752
Causalität des Schadens III 755 u. 756
Chikanöse Prozeßführg. III 756
„Entstellg. v. Thatsachen" III 752
Handlung des Betrogenen III 76;
„Irrthum erregt oder unterhält" III 755
Schein eines passiv. Verhaltens...... III 752
Strafe........ III 777
Täuschende Handlung III 757
„Thatsache"..... III 753 u. 754
Unterdrück. v. Thatsachen III 752
Vermögensbeschädigung. III 758
Versuch und Vollendung III 772
„Vorspiegelung v. Thatsachen"...... III 752
Wissen und Wille .. III 761
Betrügerische Vermögensbeschädigung im Röm. Recht I 31

Betrügliche Verleitung zum Beischlaf ...... III 314
zur Ehe ...... III 277
zum Selbstmord.... III 417
Beugung des Rechts f. unter Amtsverbrechen.
Bevormundung, wohlwollende von der Criminalpolitik angestrebt ...... I 82
Beweisfragen f. Strafprcz.
Bewußtsein ..... II 153
dessen Beziehung zu den Folgen der Handlung bei (Polizei) Uebertretungen I 5 u. 6
Biblische Vorschriften unverbindlich für den Staat . I 92
Bigamie
C. C. C. ...... I 70
R Str G B...... III 289
Blödsinn .... II 251
Bloße relative Strafandrohungen ..... II 549ff.
Näheres f. unter Strafandrohung.
Blutrache, Einfluß der Kirche II 443
Blutrache im german. Recht II 446
Blutrache im jüd. Volksstamm I 18
Blutschande ..... III 301
Brandenburgensis von 1516 I 68
Brandmarkung
Canon. Recht.... I 47
German. Recht .... I 64
Brandstiftung, resp. Brandverursachung .... III 870ff.
Altröm. Recht (XII Tafeln) I 24
German. Recht . . . . I 57
58, 64. III 872
Peinl. H.G.O. .... III 873
Römisches Recht .... III 871
Strafgesetzbuch des D. Reiches ..... III 875ff.
Beweggründe ..... III 883
Erschwerte Brandstiftung III 885
Fahrlässige Brandstiftung .... III 887
Neue ...... III 883
Versuch, Vollendung.. III 8'0
Braunschweigisches Strafgesetzbuch
Ansehen ...... I 89
Entstehung ..... I 104
Strafrechtstheorie ... I 318 u. 319
Bremen ...... I 88
Bremisches Strafgesetzbuch . I 102
Briefgeheimnißverletzung . III 843

	Band.	Seite.
Briefmarkenfälschung (§ 275 RStrGB.)	III	809
Brunnen- ꝛc. Vergiftung ꝛc.	III	904
Bürgerliche Ehrenrechte siehe unter Ehrenstrafen		
Bürgerliche Gerechtigkeitstheorie	I	276
Bürgerliche Strafe	I	333
Bußbücher, Bußcanon, Bußordnungen (kirchliche)	I	43
	u. II	442
Buße an den Beleidigten auf deff. Verlangen nach Reichsstrafrecht (§ 188)	III	372
Buße im alten kirchl. Sinne von Reue	I	46
Das Weitere f. u. Kirchenbuße		
Buße im Uebrigen f. Geldbuße, Privatbuße Bußordnung. f. Bußbücher		
Casuistik verringert	I	89
C. C. C., Constitutio Criminalis Carolina	I	68
Im Uebrigen f. Peinliche Halsgerichtsordnung ꝛc.		
Calumnia	I	32
	u. III	253
Canonisches Strafrecht (vgl. Justinianäisches Recht in Bezug auf Bestrafung von Geistlichen)	I	39
	u. II	441
Ablaßwesen	I	49
	u.	50
Entwickelung zusammenh. mit der Stellung der Kirche zum Staat	I	4
Folter	I	49
Grundtypus	I	41
	45 u.	48
Herenprocesse	I	49
Klosterwesen	I	43
Perioden der Entwickelung Rücksicht auf das Heidenthum	I	40
	I	42
Scheidung von Lasenstrafrecht u. geistlichem StrR.	I	40
Selbstanklage	I	41
	u.	42
Sendgerichtliche Strafzucht	I	40
Strafmittel	II	441
Sünde	I	41f.
Verfall, Mitschuld an Grausamkeit der Rechtspflege	I	48
	u.	49
Vergleich der Decretalen mit den römischen Constitutionen	I	48
— des Verlaufs des canonischen und germanischen Strafrechts	I	50
Zaubererprocesse	I	49
Canonisches, Germanisches und Römisches Recht, Geltungsbereich i. Deutschland	I	67
Capitalstrafen des Römischen Rechts	II	440
Capitis deminutio	I	34
Capitularien f. Kapitularien		
Carpzow	I	77
	u.	78
Causalität bei Tödtung	III	419
Censorische Rüge wegen Meineid	II	229
Censorische Zucht	II	439
Censuren (canon. R.).	I	46
	u. 47 II	441
Charakter einer Gesetzgebung (vergl. Grundtypus ꝛc.)	I	10
Charakter der röm. Kaiserkonstitutionen	I	37
Chemie, gerichtliche	I	16
Christenthum mindert bei seinem Eintritt wenig am römischen Strafrecht	I	35
Christliches Begräbniß siehe unter Verweigerung ꝛc.		
Christlicher Glaube, Grundlage im Mosaischen Recht	I	17
Christliche Kirche im Orient zur Zeit des Zerfalls des römischen Reichs	I	39
Christlich-kirchl. Strafrecht im Mittelalter auf Grundlage des Neuen Testaments S. im Uebrigen Canon. Strafrecht.	I	20
Cicero, Anklage- und Vertheidigungsreden	I	27
Civilrechtspflege, Verschiedenheit v. Strafrechtspflege	II	561
Classenscheidung der Personen unter den römischen Kaisern	I	31
Clerus, (vgl. Standesstrafrecht) der kirchlichen Strafgewalt unterworfen	I	44
Cocceji	I	92
	93, 94 u.	95
Code pénal v. 1810	I	188
	u.	317
Abänderungen und Nachtragegesetze	I	190

Band Seite

Codex Juris Bavarici 1751 . I 84
Codex Justinianeus ... I 37
    u. 38
— Theodosianus .... I 37
Codifikation im Allgemeinen I S
    u. 9
Commentirung der Gesetze . I 11
Commissiodelikte, Versuch . II 286
Competenz der Reichsgesetz-
gebung ꝛc. s. unter Reichs-
recht und Landesrecht.
Complott ...... II 409
  Moderne Anschauungen . II 413
  Versuch ...... II 288
Compositio, Compositionen-
system, German. Recht . I 54
    61 u. 64. II 446
  Canon. Recht .... I 50
    u. II 443
  Römisches Recht ... I 54
    u. 61
Concurrenz siehe Zusammen-
fluß.
Confurs siehe Bankerutt.
Concussio ...... I 32
    u. III 724
Confiskation (vergl. Vermö-
gensconfiskation) ... I 64
    II 439 u. 512
Confiskation einzelner Ge-
genstände ..... II -514
Confiskation von Druck-
sachen ...... II 515
— wegen Nachdrucks .. II 517
    u III 1041
Confiskation des Lebens .. I 64
Constitutio criminalis There-
siana ..... I 84
Constitutiones, wichtigste . I 35
Conventionalstrafrecht .. I 4
Corporationsbedienstete, Disciplinarstrafwesen ... II 537
Corpus juris
  Inhalt in Bezug auf die
  leges judic. publ. ... I 27
Crimen
  abigeatus ...... I 31
  ambitus ...... I 26
    u. 28
  annonae fraudatae ... I 29
  dardanariatus .... I 32
  expilatae hereditatis .. I 32
  falsi .... I 26
    u. 29. III 750 u. 786
  fraudatae annonae ... I 29
  majestatis ..... I 26
    u. 28

Band Seite

  maßlose Ausdehnung in der
  Kaiserzeit ...... I 31
    u. 39
  im germanischen Recht der
  späteren Zeit .... I 58
  peculatus ...... I 29
  plagii .... I 29
  receptatorum ..... I 32
  repetundarum..... I 26
    u. 27. III 724
  residui ...... I 29
  stellionatus ..... I 32
    u 31. III 571, 750
  termini moti .... I 32
  vis .... I 26
    u. 28. III 569. III 588
Crimina extraordinaria . I 31
    u. 32. II 420
Crimina privata, publica .. I 31
    u. 37
Criminalpolitik..... I 12
    u. 82
Criminalpolitische Literatur
des 18. Jahrh. Einfluß . I 82-
„Criminalrecht" .... I 4
Criminalrechtlich (im engeren
Sinn)...... I 12
Croston'sches System der
Zwischengesäugnisse .. II 495
Culpa (vergl. Fahrlässigkeit).
  Einfluß des Röm. Rechts
  auf das German. Recht . I 65
  Entwickelung im germ. R. I 53
  Gemeinrechtl. Theorie
  culpa dolo determinata
  (Feuerbach)..... II 205
  Reichsstrafrecht
  Anschluß bei Beihilfe . II 379
    u. 380
Culpose Schadenszufügung
nach Röm. Recht ... I 32

Damnatio in metalla (vergl.
Bergwerksarbeit ꝛc.) .. I 33
    II 439 440
Dänemark ..... I 163
Degradatio (canon. Recht) . I 47
    u. II 444
Delicta ecclesiastica ... I 44
— mere saecularia ... I 45
Delicta mixta ..... I 45
Delicta privata ..... I 4
Deliktsklagen (vgl. Privat-
buße ꝛc.) in Rom ... I 31
Deportation im Englischen
Recht ...... II 494
— im Französischen Rechte II 496

Band. Seite.

Deportation im röm. Rechte . 1 33
     II 439 u. 440
— im russischen Rechte . II 496
Depositio (canon. Recht) . I 47
Deutscher Juristentag in Er-
ster Session 1860 beschließt
auf Antrag Kräwels die
Wiederherstellg. eines ein-
heitlichen Strafrechts . . I 90
Deutsches Reichsstrafrecht
f. Reichsstrafrecht.
Deutschlands Strafrechtszu-
stände Ende 15. Jahrh.
von d. allertranrigsten Art I 67
Dialektische Nothwendigkeits-
theorie . . . . I 287
Diebstahl . . . . III 621ff.
Im german.-deutsch. Recht I 70
     u. III 627
Im röm. Recht . . . . I 31
     u. III 625
Im Strafgesetzbuch d.
deutschen Reichs . . III 628ff.
Antragsberechtigter bei d.
privilegirten Diebstahl III 712
Begriff u. dess. Elemente III 628ff.
„Fremde bewegl. Sache" III 633
Fremder Gewahrsam . III 636
Rechtswidrigkeit der
Zueignung . . . . III 653
Wegnahme der Sache . III 642
Zueignungsabsicht . . III 649
Bereicherung auf fremde
Kosten . . . . . . III 658
Gewaltanwendung gegen
Personen (vgl. Raub). III 722
Gewinnsucht, Motiv der
Handlung . . . . . III 655
Privileg. Diebstahl (§ 247
RE tr GB.) . . . . III 709
Schwerer Diebstahl . III 672ff.
Fälle 674 ff :
Auf Reise u. Transport III 673
Bande . . . . . . III 4.5
     u. III 682
Bewaffnet . . . . . III 680
Einbrechen . . . . III 674
Einsteigen . . . . . III 674
Kirchendiebstahl . . . I 70
     u. III 674
Nachschlüssel . . . . III 679
Nächtlich . . . . . III 683
Strafe d. schwer. Diebst. III 686
Versuch d. schweren Dieb-
stahls . . . . . . III 684
Strafe d. einfach. Diebstahls III 669
Theilnehmer bei dem priv.
Diebstahl . . . . . III 713

Band. Seite.

Urkundendiebstahl . . . III 668
Versuch und Vollendung . III 664
Wiederholter Dieb-
stahl . . . . III 686
Disciplinargewalt in Straf-
anstalten . . . . . . I 5
Disciplinarstrafen bei Cor-
porationsbediensteten und
Staatsbeamten . . . . II 533ff.
Disciplinarstrafen geg. Un-
tersuchungsgefangene . . II 539
Disciplinarstrafen in Bes-
serungs- u. Strafanstalten II 539
Disciplinarstrafrecht . . . III 935ff.
Disciplinarzwangsrecht gegen
Beamte . . . . . . I 4
     u. 5
— im Heere . . . . . I 5
Dolus
Entwickelung im röm. R.:
Ueberwiegen zur Zeit der
judic. publ. . . . . . I 27
„dolus pro facto accipitur" I 31
Germanisches Recht: Ein-
fluß des röm. Rechts . . I 65
Gemeinrechtliche Doktrin
Dolus alternativus . . II 187
(culpa determinata) . . (II 205)
determinatus . . . . II 187
eventualis . . . . . II 187
generalis . . . . . II 187
beim Versuch . . . II 313ff.
indeterminatus . . . . II 187
indirectus . . . . . II 187
praemeditatus . . . . II 187
repentinus . . . . . II 187
subsequens . . . . . II 187
Reichsstrafrecht:
dolus eventualis . . . II 217
dolus generalis . . . II 207
Formen des Dolus aus
den letzten 100 Jahren,
außerordentlich in Be-
deutung gemindert . . II 187
Wortbezeichn. „Dolus"
(statt „Vorsatz, Absicht,
böse Absicht" 2c.) nicht
beizubehalten . . . II 189
Domum vi introire . . . . I 30

Edicta, als Organe der Straf-
rechtsfortbildung . . . . I 33
Ehe.
Strafgesetzgebung zu deren
Schutz unter den Byzantin. I 36
Ehebruch,
im canon. Recht . . . . I 45

	Band.	Seite.
C. C. C.	I	70
Im röm. Recht (Byzantiner)	I	36
		u. 37
Reichsstrafrecht . . .	III	295
Ehre	II	501
Ehrenhaftigkeit, Unehren-haftigkeit von Missethalen	I	60
		u. 64
Ehrenrechte-Verlust . . .	II	504
Im Uebr. s. unter Ehren-strafen.		
Ehrenstrafen.		
Im röm. Recht	II	440
		u. 441
Im späteren german. Recht	I	60
Modernes, RStrR. .	II	500ff.
Entzieh. einzeln. Ehren-rechte von Fall zu Fall	II	505
Gerichtlicher Verweis . .	II	503
Lebenslänglichkeit nicht .	II	506
Oeffentl. Bekanntmach. des Strafurtheils weg. Ehr-verletzg u. Verleumdung auf Kost. d. Verurtheilten	II	503
Rehabilitation	II	506
Unfähigkeit zur Urkunds-Zeugenschaft	II	507
Unfähigkeit zur Zeugensch.	II	507
Verhältniß z. Moralischen Ehre	II	508
Verlust der bürgerl. Ehren-rechte	II	504
Ehrlose (spät. german. Recht)	II	58
		u. 61
Ehr- u. Rechtlosigkeit . .	I	91
	II	452
Ehrverletzung im röm. Recht	I	30
Modernes, RStrR.		
Bekanntmachg d. Urtheils auf Kosten d. Verurtheilten	II	503
Im Uebr. s. unter Beleid.		
Eidesbruch	III	242
Eidestreue als Gegenstand des Verbrechens	II	117
Eigennutz (§ 284ff. RStrGB.)	III	826
Anbordnahme v. Contrab.	III	842
Aneignung verschoss. Mu-nition	III	838
Entlaufen mit der Heuer .	III	843
Falsche Waarenbezeichnung	III	830ff.
Fischen und Krebsen . .	III	842
Gewinnsüchtige Benutzung des Leichtsinns und der Un-erfahrenheit Minderjähr. .	III	845
Glücksspiele	III	827
Jagd	III	839
Lotterieen	III	828
Unberechtigtes Jagen . .	III	839

	Band.	Seite.
Verkürzung der Gläubiger bei Zwangsvollstreckung .	III	834
Wegnahme eigener Sachen (furtum possessionis) . .	III	835
„Wilddiebstahl“	III	839
Eigenthumsverbrechen . .	I	91
		u. 92
Begriff	III	621
Bestrafung im Mosaischen Recht	I	18
Relativ hohe Ausbildung in den german. Volksrechten	I	53
Verstärkung d. Eigenthums-schutzes in der lehnsrecht-lichen Periode d. german. R.	I	59
Einfacher Diebstahl nach den XII Tafeln	I	24
Im Uebr. s. unter Diebstahl.		
Einfluß d. Geisteskrankh. . .	II	220
Eingriffe in ein Amt . .	III	178
Eintheil des deutsch. StrR. vollendet mit 1. Jan. 1872	I	90
(Vgl. Deutsch. StrGB.)		
Einrede der Wahrheit bei Beleidigung	III	360
Einzelner Ehrenrechte Ent-ziehung von Fall zu Fall	II	505
Einzelhaft	II	478
		u. 483ff. 492ff. 504, 539
Einziehung s. Confiscation.		
Einziehung des Lebens . .	I	64
Eisenbahnbeschädigung . .	III	896
„Elend“	II	446
Elterliches Erziehungsrecht	II	125
Emenda	II	447
		u. 449
Encyclopädische Stellung des Strafrechts	I	9
England	I	3
		83 u. 169
Englisches Strafrecht . . .	I	169
Litteratur	I	177
		u. 178
Entführung	III	607ff.
Im canon. Recht . . .	III	610
Im gemein. deutschen Recht	III	611
Im röm. Recht	I	36
		u. III 609
RStrGB. (§ 236 u 237)	III	614
Enthaupten als ehrl. Todes-strafe	II	451
Entweichung v. Gefangenen Röm. Recht	I	32
Entwickelungsgeschichte des Canon, Mosaisch. u. Römisch. StrR. s. unter Canon. StrR. 2c.		
Entwickelungsgeschichte des		

	Band.	Seite.
deutsch. StrR. s. unter „Gemein. deutsch. StrR.", „Peinliche Hals-GO." u. „RStrGB". Vergl. dazu „Uebersicht der Partikular-gesetzgebungen".		
Entziehung einzeln. Ehren-rechte von Fall zu Fall .	II	505
Epidemien, Maßregelnverletz.	III	868 906 u. 907
Erfolg, außerhalb u. inner-halb der Berechnung . .	II	204ff.
Erfolg, irrig od. unzureichend berechnet	II	205
Ergänzung des Gesetzes im Wege der Analogie (vgl. Auslegung xc)	II	76 bis 84
Ausschluß der Analogie in Beziehung auf Uebertra-gung von Privilegien be-günstigender oder odioser Natur überhaupt, sowie insbesondere auf Vervielfältigung der		
Antragsdelikte	II	84
Delikte	II	81
Rechtsfolg. gewiss.Haupt-strafen od. Verbrechens-arten	II	84
Strafausschließungsgr. .	II	82
Strafmilderungsgründe .	II	83
Strafschärfungsgründe .	II	83
Bedingung derselben, daß die Durchführ. v. Rechts-vorschriften die Entschei-dung einer prinzipiellen Frage voraussetzt, welche innerhalb des positiven Rechts sich nicht entschieden findet	II	77
Nothlage des Richters . .	II	79
Erpressung	III	724ff.
Im römischen Recht . .	I	27
	u. III	724
Im Strafgesetzbuch d. Deutschen Reichs . .	III	725ff.
Versuch und Vollendung .	III	734
Error in objecto	II	174
Error in persona	II	174
	u. III	414
Error in substantia . . .	II	174
Erziehung s. Elterliche xc., Schulzucht xc.		
Ethik in ihrer Betheiligung am Strafrecht	I	14
Evidentstellung des Textes der Gesetzbücher unter		
	Band.	Seite.
Einreihung der Novellen nach Zwischenräumen. .	I	9
Exaltationszustände . . .	II	243
Excessus mandati bei An-stiftung	II	353
Excommunicatio major, min.	I	46
	II, 443 u. 444	
Exemtion	I	58
Exilium altröm. Recht . .	I	23
seit den XII Tafeln in der Praxis milde . . .	I	24
— zur Zeit d. leges judic. publ.	I	26
Explatio	I	23²
Extraordinaria cognitio (vgl. crimina extraordinaria) .	I	31
Fahrende Leute	I	58
Fahrlässige Brandveranlas-sung	III	887
Fahrlässige Strafthaten . .	II	121
	u. III	243
Fahrlässige Tödung . . .	III	469ff.
Grenze der Schuld nach der Individualität d. handeln-den Person und ihrem Bil-dungsstand	III	469
Steigerung d. Strafbarkeit auf Grund des Amtes, Berufes und Gewerbes .	III	471
Verantwortlichkeit d. Unternehmers f. seine Arbeiter und Bediensteten	III	470
Fahrlässigkeit	II	173ff.
Ausschluß bei Beihilfe . .	II	379 u. 380
Ausschluß der Möglichkeit anders zu handeln. . .	II	178
Begriff und Wesen . . .	II	179
Bei Meineid	III	243
Grenzbestimmung zwischen Vorsatz und Fahrlässigkeit	II	215ff. u. III 469
Keine bei Versuch . . .	II	284
Kern der Strafbarkeit liegt in dem Mangel an Auf-merksamkeit	II	182 u. 183
Steigerung d. Verantwort-lichkeit auf Grund eines Amtes, Berufes oder Ge-werbes	III	471
Verantwortlichkeit d. Unter-nehmers für seine Arbeiter und Bediensteten	III	470
Vorsatz und Fahrlässigkeit	II	177 u. 178

Band Seite.

Falsche Anschuldigung
Im gemeinen und partiku-
laren deutschen Recht . . III 254
Im röm. Recht . . . . III 253
Reichsstrafrecht . . . III 255
Falsche Beurkundung (§ 271
RStrGB.) . . . . . . III 803
Falsche Gesundheitszeugnisse
(§ 277 StStrGB.) . . III 811
Falsche Voraussetzungen . . II 156
Falsche Waarenbezeichnung . III 330ff.
Fälschung
Im röm. Recht: von Mün-
zen, Testamenten, Urkun-
den, Zeugnissen . . . . I 29
Im gemeinen deutschen R.
seit C. C. C. . . . . I 72
Im Uebrigen s. Urkunden-
fälschung.
Fälschung von gestempelten
Briefcouverts, Post- und
Telegraphen-Freimarken,
Stempelabdrücken, Stem-
pelblauketten, Stempel-
marken (§ 275 StStrGB.) III 809
Falsum s. crimen falsi.
Falsum als Grundform . . I 26
Familienrecht im altrömisch.
Straf-Recht . . . . I 23
Familienrechtlicher Grund-
typus des altröm. Straf-
rechts . . . . I 23
Fehderecht (vgl. Privatfehde) I 58
u. 64
Felonie . . . . . . I 64
Festungshaft (vergl. Surro-
gat 2c.) . . . . . II 478
Feuerbach . . . . . . I 95
115, 116, 260 u. 268
Feuerzeichen zur See, Ver-
letzung . . . . . . III 903
Fichte . . . . . . I 271
Fläugieri . . . . . I 83
u. 257
Fischen und Krebsen . . . III 842
Fluch s. Verfluchung.
Fluchen seit C. C. C. . . I 72
Flucht des Verbrechers . . I 55
Folter . . . . I 49
63, 67, 72, 83, 91. II 443, 454
Aufhebung durch Friedrich
d. Großen . . . . I 73
Form der Handlung zur Zeit
der judic. publ. im Vor-
dergrund . . . . I 26
Formales Strafrecht . . I 3
Formelle Verbrechen, Ver-
such . . . . . . II 286

Band Seite.

Formelle Zurechnung . . . II 568
Formen der Geisteskrank-
heiten . . . . II 236
Fortgesetztes Verbrechen . II 575
Frankfurt a. M. . . . . I 88
Frankfurter (a M.) Straf-
gesetzbuch . . . . . I 102
Frankreich . . . . . . I 3
u. 185
Strafrechtstheorie der Re-
volution . . . . . I 317
Französische Juristenschule
XVI. Jahrhunderts . . I 74
Französisches Processgesetz
Franz I. von 1539 . . I 70
Französische Revolution . . I 187
Französ. Strafrecht, Einfluß I 89
— — Literatur . . I 191
Fredus . . . . I 54
Freiheitsberaubung (§ 239
RStrGB.) s. unter Ge-
fangenhaltung.
Freiheits- oder Geldstrafe,
Wahl . . . . . . II 522
Freiheitsstrafe des Reichs-
strafrechts . . . . . I 55
II 436 u. 476ff.
Freiheitsstrafe i. canonischen
Recht . . . . . . I 47
II 443 u. 445
Im germanisch-deutschen
Recht . . . . . II 454
Im mosaischen Recht . . I 19
Im römischen Recht . . I 23
33 u. 36. II 439
Freiwilliger Ersatz als Mil-
derungsgrund . . . . II 569
Fremde Str.-Gesetzgebungen.
s. unter Außerdeutsche 2c.
Fremdes Recht zu verbannen I 92
Friede (german. Recht) . . I 54
u. 55
Friede als Gegenstand des
Verbrechens . . . . II 117
Friedebedroh. Anreizungen III 168
Friedensgeld . . . . I 54
u. 543 II 446
Friedensbruch (späteres ger-
man. Recht) . . . . I 55
Friedloserklärung . . . I 55
Friedlosigkeit . . . . II 1261
Friedrich der Große . . . I 73
91 u. 92
Fusionssystem für Gefängn. II 495

Gaunerwesen am Schlusse d.
Mittelalters . . . . I 64
— um die Zeit der C. C. C. I 73

Bd. Seite.

„Gedanken sind zollfrei", aber nur so lange sie nicht geäußert sind . . . II 118
Gefangenen-Befreiung . . III 142
Gefangenen-Entweichung im röm. Recht . . . . . I 32
Gefangenen-Meuterei behufs Selbstbefreiung . . . . III 143ff.
Gefangenhaltung . . . . III 587ff.
Im gemein. deutsch. Recht III 589
Im röm. Recht . . . . III 588
RStrGB. (§ 239) . . III 590
Gefangenschafts-Strafe s. Gefängnißstrafe.
Gefängnißanstalten (im weiteren Sinne), deren Einrichtung . . . II 492ff.
Zwang zur Arbeit . . . II 486ff.
Gefängnißreformbewegung seit 1830 . . . . . . I 89
       II 492ff.
Gefängnißsysteme . . . . II 492ff.
Gefängnißstatistik . . . . I 13
Gefängnißstrafe im weiteren Sinn.
Im canon. Recht . . . I 47
     u. II 443, 445
Im german. deutsch. Recht II 453
Im mosaischen Recht . . I 19
Im röm. Recht . . . . II 439
Gegen Nothstand keine Nothwehr . . . . . . II 144
Gegen Nothwehr keine Nothwehr . . . . . . II 144
Geheimnißverletzung (§ 300 RStrGB.) . . . . . III 344
Vgl. Briefgeheimnißverletz.
Geisteskrankheit im Verhältniß zur Zurechnungslehre . . . . II 219ff.
Analyse der That . , . . II 258
Ausgänge der Geisteskrankheiten . . . . II 238
Begriff und Wesen . . . II 227ff.
Blödsinn . . . . II 251
Dauer d. Geisteskrankheiten . . II 238
Depressionszustände . . II 239
Diagnose der Geisteskrankheiten . . . . II 255ff.
Allgemeine . . . . II 255
Einfluß im Allgemeinen . II 165
     u. 166. II 220ff.
Epilepsie . . . . . . II 248
Exaltationszustände . . . II 243
Formen der Geisteskrankh. II 236ff.
Grade des Einflusses . . II 224ff.
Hypochondrie . . . . . II 239
Idiotie . . . . II 251

Krankhafte Veränderungen der Gemüthsstimmung u. des Vorstellens . . . . II 229ff.
— — der Willensthätigkeit II 232ff.
Manie . . . . II 239
Melancholie . . . . . II 239
Paralytischer Blödsinn . II 243
Psychologische Analyse der That . . . . . . II 258
Schwächezustände . . . II 251
Simulation . . . . . II 258
Tobsucht . . . . . . II 239
Ursachen und Verlauf der Geisteskrankheiten . . . II 236ff.
Verrücktheit . . . . . II 251
Verwandte Zustände zu den Geisteskrankheiten:
Affekte . . . . . . II 263
Gelüste der Schwangeren II 263
Leidenschaften . . . . II 263
Nachtwandeln . . . . II 263
Schlaftrunkenheit . . . II 263
Trunkenheit . . . . II 263
Wahnsinn . . . . II 239
Geisteskrankheiten, allgem. Beziehung zum StrR. . I 15
Geistliche, Bestrafung nach Justinianischem Recht . I 381
Geistliche privilegirt unter den Byzantinern . . . . I 36
Geistliche, Verbrechen und Vergehen s. unter Amtsverbrechen, Kanzelmißbrauch, Religionsfriedensstörung.
Geistliches Strafrecht (vgl. Laienstrafrecht, Standesstrafrecht) . . . . . I 40
Verwachsung in der Karoling. Monarchie . . . I 43
Geldbuße, im canon. Recht I 47
     u. 50
Im german. Recht . . . I 54
     u. 61
Spätere Surrogate . I 56
Im röm. Recht, älteste Zeit I 24
Zur Zeit der leges judic. publ. . . . . I 26
Geldstrafe . . . . . . II 519
Umwandlung in Gefängniß II 491
Gelehrtes Handwerk . . . I 74
Geltungsbereich des Canon., German. u. Röm. Rechts in Deutschland . . . I 67
Gelüste der Schwangeren II 263
Gemeines Deutsches Strafrecht seit d. Peinlichen Halsgerichts-Ordng.

	Band.	Seite.
von 1532. (Diese selbst		
s. unter besonderem Wort.)		
Carpzow	I	77
		u. 78
Criminalpolitische Literatur		
und Schuleinfluß . . .	I	82
Einfluß der ausländischen		
Doktrin auf den Gerichts=		
gebrauch	I	74
Friedrich der Große . .	I	73
Geist der Aufklärung und		
Milde besonders in der Ge=		
richtsübung seit Anfang		
des 18. Jahrh.	I	73
Grotius	I	73
Literatur s. unter diesem		
Worte.		
Naturrechtliche Doktrin .	I	80
		u. 81
Systematische Behandlung		
d. Strafrechts in der Wis=		
senschaft, deren Beginn .	I	80
		u. 81
Thomasius	I	80
Verhältnisse im 18. Jahrh.		
und zwar an dess. Anfang	I	73
um Mitte desselben . .	I	74
Wendepunkt im Jahre 1848,		
Forderung der Rückkehr		
zu einem gemeinf. Straf=		
recht für ganz Deutschland	I	89
Zertrümmerung des alten		
gemeinen Rechts am Ende		
des 18. Jahrh. vollendet	II	84
Gemeingefahr als gesetzgebe=		
rischer Gesichtspunkt im		
römischen Recht. . . .	I	6
30 u. 31.	III	859
Gemeingefährl. Verbrechen		
und Vergehen (§ 306—330		
RStrGB.)	III	859ff.
Ausschluß einer (besonderen)		
Absicht.	III	866
Baugefahr	III	910
Brandstiftung . . .	III	870
Dolus	III	864
		u. 868
Einsicht bei Minderjährigen	III	869
Fahrlässige Brand=		
verursachung . . .	III	887
Fälschung von Lebens=		
mitteln.	III	904
Gefährd. an Gegen=		
ständen bestimmt zu		
Nutz u. Schutz Aller		
(Land= und Wasserwege,		
Sicherheit der Schiffahrt)	III	900

	Band.	Seite.
Gefährdung b. Träger		
d. Weltverkhrs (Eisen=		
bahn=Telegr.)	III	893
Ineinandergreifen verschie=		
dener Momente . . .	III	867
Steigerung bestehen=		
der Nothstände (Epi=		
demien, Krieg, Noth, Vieh=		
seuchen)	III	906
Ueberschwemmung . . .	III	889
Uebertretungen	III	869
		u. 889
Unterlassungen	III	866
Vorsatz	III	864
		u. 868
Geminderte Zurechnungs=		
fähigkeit.	II	158
		u. 567
Gemischte Strafrechtstheo=		
rien	I	303
Kritik	I	314
Gemischte Verbrechen (canon.		
Recht)	I	45
Genfer Classifikationssystem	I	493
Gerechtigkeitstheorien . .	I	243
Gerichtliche Medizin . . .	I	15
		u. 16
Gerichtlicher Verweis . .	II	503
Gerichtsgebrauch in Deutsch=		
land seit C. C. C. . . .	I	71
		72 u. 73
— außer Zusammenh. mit		
der Wissenschaft . . .	I	85
— kann nicht die Gesetz=		
gebung ersetzen	I	82
		u. 92
Gerichtsgebrauch keine Straf=		
rechtsquelle	I	8
Gerichtspraxis im mosaischen		
Recht	I	20
Geringe Leute im älteren deut=		
schen Strafrecht . . .	I	58
	II	450
Germanenthum im 6. Jahrh.		
herrschende Macht . . .	I	52
German. Staats-Entwickel.,		
Höhepunkt	I	53
Germanisches Strafrecht:		
Germanisches Strafrecht bis		
z. Peinlich. Halsgerichts-		
Ordnung von 1532 . .	I	51
		u. II 446
Aufstellung v. Surrogaten		
für die alte Geldbuße .	I	56
		u. II 449
Culpa und Dolus in den		
Volksrechten nicht geschie=		
den.	I	53

Band. Seite.

Composition ist nach den Volksrechten in der Regel, ausnahmsweise die Vernichtung des Verbrechers die Rechtsfolge der That I 54 u. 55

Eigenthumsverbrechen i. d. Volksrechten relativ höher ausgebildet I 54

Einfluß der römischen Culturelemente v. Anfang an I 52

Einfluß des röm. Rechts bei seinem Eindringen in Deutschland I 62 63 u. 65

Einfluß d. Treue d. Lehenrechts auf das spätere germanische Recht I 59

Entwicklung im Allgem. I 51 u. 52. II 446

Entwicklungsperioden I 51
Frieden nach d. Volksrechten I 53 u. 55

Friedensbruch I 55 u. II 446

Friedensgeld (fredus) I 54 u. 543 II 447

Friedlosigkeit I 55 II 1261 447

Lehensrechtliche Periode n. Untergang der Volksrechte charakterisirt sich durch Absonderung d. Gesellschaftsklassen und Auseinanderfallen des Staatsverbands, Hauptveränderungen in derselben I 57 58 u. 62. II 449, 450

Motive und sittl. Färbung der That berücksichtigt III 408

Oeffentliche Strafen, Keime II 446 447 u. 449

Privatbuße-Wandelung I 64 u. II 452

Private Natur des altgermanischen Strafrechts in zwiefachem Sinne I 54

Quellen I 52

Racherecht des Verletzten und seiner Familie II 446

Reception der Folter I 63

Reichsstrafgesetze aus der lehnsrechtlichen Periode I 57 u. 53 II 449

Schade und dessen Bemessung nach den Volksrechten I 53

German. Strafrecht (Fortf.)

Band. Seite

Scheidung von Reichsrecht und Sonderrecht I 53 II 449

Schwäche der kaiserlichen Macht verhind. ein Reichsstrafrecht I 57

Städtisches Strafrecht im Mittelalter II 450

Steigen der Unsicherheit seit Eindringen des römischen Rechts III 64

Die Strafe besteht nach den Volksrechten in der Regel in Schadensersatz u. Buße, ausgedrückt in Geld, ausnahmsweise in Vernichtg. des Schuldigen I 54 u. 55. II 446

Strafen und Strafmittel in der lehnsrechtl. Periode I 60 61 u. 62. II 450

Surrogate für die alten Geldbußen i. späterer Zeit u. Fortbildung d. Strafmittel überhaupt I 56 u. 60. II 449

Uebelbeleumbete und geringe Leute I 58 u. II 450

Umbildung des Strafrechts in der lehnsrechtl. Periode durch den lehnsrechtlichen Begriff der Treue, Neuschaffung kirchlicher Verbrechen I 59

Untergang des alten germ. Beweisrechts I 64

Unterscheidung v. causae majores und minores in den Kapitularien I 56

Vereinzelung des geistlichen, ländlichen und städtischen Rechts in der lehnsrechtl. Periode I 53

Verschiedenheit d. einzelnen Volksrechte I 52 u. II 449

Der Versuch von den Volksrechten ausgeschlossen I 53

Wandelung bezüglich der Privatbuße und Steigerg. des öffentlichen Strafrechts überhaupt I 64 u. II 452

Webbe, Wette I 61 u. II 447

Weiterbildung des Strafrechts der Volksrechte I 56

	Band.	Seite.
Wergeld, Wergeldsystem .	I	53
u. 61.	II	447
Wirksame Vorsorge s. Ver- folgung des Verbrechers in den Kapitularien . .	I	56
u.	II	449
Zustand d. Strafrechts Ende des 15. Jahrhunderts von der allertraurigsten Art .	I	67
Germanisches und römisches Strafrecht in Wechsel- wirkung	I	65
Germanisches, canonisches und römisches Recht.		
Geltungsbereich derselben in Deutschland	I	67
Geschichte als Hilfswissenschaft des Strafrechts . . .	I	12
Geschichte des canon., mosai- schen und römischen Rechts s. unter „Canon. Recht" u. s. w.		
Geschichte d. deutschen Straf- rechts	I	17
	bis	143
Im Uebrigen s. unter „Ger- man. Strafrecht", „Pein- liche Halsgerichtsordnung" u. „Reichsstrafgesetzbuch".		
Geschichtsphilosophische Be- trachtung des Strafrechts	I	12
Geschlechtsverbrechen.		
Canonisches Recht . . .	I	45
C. C. C.	I	70
Mosaisches Recht . . .	I	18
Römisches Recht . . .	I	36
	u.	37
Geschriebenes (Straf-) Gesetz	I	7
	u.	8
Gesetz (vergl. Auslegung ꝛc., Gesetzgebung).		
Auslegung	II	67
	bis	75
Aeußeres Erforderniß eines Gedankens mit Gesetzes- kraft ist die verfassungs- mäßige Vereinbarung .	II	68
	u.	69
Entsprechender Ausdruck d. gesetzgeberischen Willens- meinung	II	70
Mangelnder Ausdruck . .	II	68
	u.	69
Redactionsversehen . . .	II	70
Unvollkomm. Ausdruck .	II	69
	u.	69⁶
Vielköpfigkeit des heuti- gen Gesetzgebers, Con-		
	Band.	Seite.
sequenz für die Ausle- gung	II	70
Vorgeschichte (Materialien) des Gesetzes	II	73
Gesetzbuch (vgl. Codification).		
Evidentstellung d. Textes unter Aufnahme der No- vellen in Zwischenräumen	I	9
Revision in Zwischenräu- men	I	9
Gesetzesanalogie	II	74
Gesetzgebung (vgl. Aufgabe ꝛc., Gesetz).		
Erklärung derselben durch die Wissenschaft für die Richter behufs Anwendung	I	11
Gerichtsgebrauch (vgl. die- ses Wort), Verhältniß zur Gesetzgebung	I	92
„Oberrichterliche Gewalt" in Rom an Stelle der Ge- setzgebung	I	30
	u.	31
Sprache	I	10
11 u. 92. II 70, 72, 73		
Vorbereitung der Gesetzge- bung	I	11
u. II 74, 75		
Gesinnungen	II	113
Gesundheitszeugnissefälschg. (§ 277 R Str GB.) . . .	III	811
Getreidezufuhr in Rom . .	I	29
Gewalt als Berufspflicht .	II	123
Gewalt als Recht	II	125
Gewalt als Strafausschlie- ßungsgrund	II	355
(Vgl. Verbrecherischer Wille u. bergl.)		
Gewalt des Hausherrn im alt- römischen Recht	I	122
Gewaltsame Beschädigung Römisches Recht . . .	I	32
Gewaltthätigkeit beim Dieb- stahl (vgl. Raub) . . .	III	722
Gewaltthätigkeit gegen das öffentliche Recht, allgem. Sicherheit oder Rechtskreis der Privatpersonen. Römisches Recht	I	28
Gewedde s. Wette.		
Gewerbestrafgesetzgebung .	II	121
Gewerbsentzug (als Strafe) den Landesgesetzgebungen versagt	II	14
Gewerbsmäßigkeit des Ver- brechens (vergl. Zweck in Fortsetzung)	II	200
	u.	201

Band. Seite.

Gewinnsüchtige Benutzung des Leichtsinns und der Unerfahrenheit Minderjähriger .... III 845
Gewissensfreiheit gegenüber dem Bekenntniß ... I 92
Gewohnheit.
Im Allgemeinen.... I 7 u. 8
Germanisches Recht. .. I 58
Römisches Recht.
Zur Zeit des Untergangs der Republik keine rechtsbildende Macht geblieben I 27
Gewohnheitsmäßiges Verbrechen, verschieden von gewerbsmäßig. Verbrechen II 201
Gewohnheitsrecht im Strafrecht .... I 7 u. 8
Gifthandel in Rom ... I 30
Giftmord, geschichtliche Entwickelung...... III 557
Im Uebrigen s. u. Körperverletzung, Tödtung ic.
Gläubigerverkürzung bei der Zwangsvollstreckung .. III 834
Glosse ...... I 66
Glücksspiele (§ 284 RStr.) III 327
Gmelin ...... I 257
Gottesdienststörung Röm. Recht ... I 36
Im Uebr. s. Kirchenfriedensstörung.
Gotteslästerung im Canon. Recht... I 45
im Röm. Recht ... I 36
in der Zeit nach der C. C. C. ...... I 72 / III 263
Reichsstrafgesetzb.. III 266
„Göttliche Gebote"-Theorie. I 293
„Göttliche Rache".... I 18
Grabstättenverletzung, Röm. Recht ...... I 36
Grade des Einflusses der Geisteskrankheiten .. II 224
Grenzbestimmung zwischen rechtmäßigen u. strafbaren Handlungen insbes. bei Tödtungen schwierig. III 425
Grenzbest. zwischen Schuld und Straflosigkeit nach der Individualität .... III 469
Grenzbestimm. zwischen Vorsatz und Fahrlässigkeit. II 215ff.
Grenzlinie zwischen menschl. Freiheit und Unfreiheit . I 15

Band. Seite.

Grenzmarkenunterdrückung (§ 274 RStrGB.) .. III 806
Griechenland ..... I 221
Griech. Anschauungen (Aristoteles, Plato)... I 244
Grotius (Groot)..... I 73 u. 251
Grundformen der Verbrechen zur Zeit der judic. publio. I 26
Grundtypus des canon.StrR. I 41 / 47, 48, 49 u. 50
Grundtypus des germ. Rechts in d. lehensrechtl. Periode I 62
Grundtypus des röm. StrR. in der ältesten Zeit .. I 23
In der Periode der leges judic. publ..... I 26
Unter den Kaisern ... I 33
Insbes. den Byzantinern . I 36 u. 37
Gruppen der deutschen Particularstrafgesetzbücher . I 128 u. 129
„Gut gegen Gut" (Nothstand) II 132
Güterschutz Inhalt d. StrR. II 115ff.
Guter Glaube nützt, wo Rechtswidrigkeit als Thatbestandstheil statuirt wird II 212
Güterentziehung s. Vermögens-Confiscation.
Halsgerichtsordnungen .. I 63 u. 68 II 452
Hamburgisches Strafgesetzb. I 101
Handabhauen, Germ. Recht I 56
Mosaisches Recht I 19
Im Uebr. s.Verstümmelnde Strafen.
Hannover .... I 88
Hannoversches Strafgesetzb. I 102 u. 319
Hauptunterschiede der einzelnen deutsch. Strafgesetzgeb. I 89
Hausfriedensbruch . III 153ff.
Antrag nicht nothwendig in den qualifizirten Fällen . III 160
Antragstellung, wer? .. 154³
Begriff ..... III 154
„Eindringen" ... III 155
Keine Fahrlässigkeit strafb.! III 158
Oeffentliche Räume... III 159
„Ohne Befugniß verweilt" III 159
Qualifizirte Fälle .... III 160
Theilnahme ..... III 161
Widerrechtlichkeit ... III 156ff.
Hausgewalt, hausväterliche Gewalt ...... I 22 u. II 439

Band. Seite.

Hausrechtsverletzung
  Röm. Recht . . . . I 30
Hausstrafen . . . . . . II 533ff
Hegel . . . . . . I 287
Hehlerei (vgl. Begünstigung) III 743ff.
  Gewerbs- und Gewohn-
  heitsmäßige Hehlerei . III 748
  Wiederholter Rückfall . . III 748
Heidenthum im Kampf gegen
  d. kaiserl. Orthodoxismus I 35
Heidnische Imperatoren, Um-
  bildung des Strafrechts . I 33
Heiligthümer-Verletzung nach
  den XII Tafeln. . . . I 24
Herbart . . . . . . I 286
Hessisches (Großherzogl.)
  Strafgesetzbuch . . I 109
        110 u. 319
Hexenprozesse . . . . . I 49
        64, 72 u. 83
Hexerei . . . . . . I 59
Hilfswissenschaften für das
  Strafrecht . . . . . I 11
        u. 12
Hilfswissenschaften für das
  Studium des Strafrechts I 13
Hinrichtung (vgl. Todesstrafe)
  unter Schmerzen in der
  Imperatorenzeit . . . I 33
Hinrichtungsarten nach der
  Laune der Imperatoren
  vermehrt . . . . . . I 34
  Im Uebr. s. Todesstrafe-
  Vollzug.
Historische Rechtsschule . . I 36
Hobbes . . . . . . I 252
Höchster Gerichtshof für die
  Straffachen des deutschen
  Reichs. . . . . . . I 134
Hochverrath.
  Im röm. Recht (Byzantiner) I 37
  Neuestes Recht, Reichs-
  strafrecht
  Ausländer . . . . III 8ff.
  Befreundete Staaten betr. III 43ff.
  Gemeins. Bestimmungen
  für Hoch- und Landes-
  verrath . . . . . . III 55ff.
  Objekte . . . . . . III 10ff.
  Subjekt . . . . . III 15
  Verbrecherische Handlung III 17
  Verfassung des deutschen
  Reichs . . . . . . III 4ff.
  Versuch . . . . . . II 285
        u. III 20ff.
  Vollendung . . . . III 21ff.
  Vorbereitung . . . . III 29ff
  Willensbestimmung . . III 15

Band. Seite.

Hoheitszeichen, Vergehen an I 186
Holland . . . . . . I 195
v. Holtzendorff (vergl. be-
  dingte Entlassung aus der
  Strafhaft) . . . . . II 484
        u. 485
Honestiores, Humiliores u.
  - das Verhältniß z. Straf-
  recht der Kaiserzeit . . I 34
        u. II 440
  Vervielfältigung unter den
  Byzantinern . . . . . I 36
        u. II 440
Hypochondrie . . . . . II 239
Jagen (§ 292—295 RStr.
  GB.) . . . . . . III 839
Ideale Concurrenz (vgl. Zu-
  sammenfluß) . . . . II 579ff.
Identität von Verbrechen u.
  Strafen, in welchen sich
  der Charakter der began-
  genen That abspiegelt, mög-
  lichst herzustellen . . . II 522
Idiotie . . . . . . II 251
Jhering . . . . . . II 431
Imperator, Angriffe auf den-
  selben . . . . . . I 28
  Im Uebrigen s. crimen maj.
  Imperatoren s. heidnische Im-
  peratoren.
Incest . . . . . . I 45
Individualisirung bei dem
  Strafzwang überhaupt . III 433
        434 u. 469
Individualisirung der Straf-
  androhungen . . . . II 549ff.
Infamia . . . . . . I 34
        u. II 441
Infamie nach canon. Recht I 47
Inhalt der Strafe, nothwen-
  diger (Erziehung) . . . I 328
Injuria als Grundform . . I 26
Injurien nach den XII Tafeln I 24
  — nach der lex Cornelia etc. I 30
Inquisitions-Prozeß (vergl.
  Ketzerinquisit.) seit C.C.C. I 72
  Im Uebrigen s. Straf-
  prozeß.
Interdict (canon. Recht) . I 46
        u. 47. II 444
Interdictio . . . . . I 33
        u. II 439
Interessentheorien s. Straf-
  zwecke u. Strafzwecktheo-
  rien.
Internirung . . . . . II 497

	Band.	Seite.
Joseph II. von Oesterreich .	I	122
	u.	123
Im Uebrigen f. u. Oesterreichische Strafgesetzgebg.	II	454
Irisches System der Zwischengefängnisse	II	495
Irregularität (canon. Recht)	I	47
	u. II	444
Irrthum (vgl. Rechtsirrthum, thatsächliche Irrthümer).		
Bei Anstiftung	II	360
Benutzung und Erregung eines Irrthums bei Anstiftung	II	341
Bei Verbrechen, zu deren Thatbestand das Wissen um Thatsachen gehört	II	203
Bei Versuch	II	290f
	u.	300f
Israelitische Ueberlieferung, Bedeutung für die Rechtsgeschichte	I	20
Italien	I	3
	u.	205
Italienische Criminalisten, u. ihre Thätigkeit für Verschmelzung des röm. und germanischen Strafrechts	I	65
Italienische Doktrin, Einfluß seit C. C. C. . . .	I	74
Italienische Stadtstatuten .	I	65
	u.	66
Iudicia publica	I	25
Iudicium domesticum des altrömischen Strafrechts . .	I	22
Untergang	I	30
Jugend	II	160
Jugend als allgemeiner Milderungsgrund	II	565
als besonderer gesetzlicher Milderungsgrund . . .	II	552
Jurisprudenz und Arzneiwissenschaft, gemeinsame Aufgabe	I	16
Juristentag	I	90
Ius poenale	I	3
Ius puniendi	I	3
Ius sacrum im altrömischen Strafrecht	I	23
Justinianäischer Codex und Novellen	I	37
	u.	38
Justinianäisches Recht in Bezug auf Bestrafung von Geistlichen	I	391

	Band.	Seite.
Kaisergerichte in Rom . .	I	32
	u.	33
Kaiserkonstitutionen . . .	I	37
„Kaiserliche Majestät" unter den Byzantinern . . .	I	37
Kaiserliche Reskripte in Rom	I	31
Kant	I	261
Kanzelmißbrauch, Kanzelstrafparagraph (§ 130ᵃ)	III	172
Charakter der Subsidiarität dieser Strafbestimmung	III	172
„In Ausübung" des Berufs	III	173
„In Veranlassung" des Berufs	III	173
Sinn der Bestimmung .	III	172
Kapitularien	I	43
	52 u. 56. II	449
Kaufmänn., Nichtkaufmänn. Bankerutt	II	12
Im Uebrigen siehe unter Bankerutt.		
Kaufmännische Buchführung .	II	120
Kenntniß bestehender Gesetze u. deren ergänzenden Vorschriften ausnahmsweise Thatbestandsmoment von Verbrechen	II	213
Hauptfälle: Abgabenübererhebung, Amtsverbrechen, Bestrafung Amtsvorgesetzter ꝛc. (§ 357), Briefgeheimnißbruch, Gebührenübererhebung, Telegraphengeheimnißbruch, Vollstreckung einer Strafe (fahrlässige oder vorsätzl.) §§ 16, 18, 19 ꝛc.)	II	214
Kerith (Mosaisches Recht) .	I	18
	u.	19
Kerker s. Gefängnißstrafe ꝛc.		
Ketzerei.		
Canon. Recht	I	44
	45, 48, 49 u.	50
C. C. C. nicht mehr erwähnt	I	70
Germanisches Recht späterer Zeit	I	57
	58 u.	59
Römisches Recht . . .	I	34
	u. 36. II	440
Ketzerinquisition	I*	41
	u.	49

	Band.	Seite.
Kinderloser Tod, Fluch desselben (Mosaisches Recht)	I	19
Kindsmord	I	91
	III	448ff.
(v. ärztl. Standpunkt aus)	III	508ff.
In und seit der C. C. C.	III	449
	u.	456
Modernes Recht, Reichsstrafrecht	III	449ff
Subject	III	451
„Uneheliches Kind"	III	449
Kinds-Unterschiebung	III	277
Kirche (vgl. Christenthum ꝛc.) Abfall von der alten Kirche in gleichem Schritt mit dem Verfall der Strafgesetzgebung der Kirche	I	48
Ablaßwesen	I	49
	u.	50
Beruf in Bezug auf Strafwesen	I	41
Einfluß auf Rechtszustand	I	45
Einführung der Folter	I	49
Erkämpft eigene Gerichtsverfassung und Strafgewalt.	I	44
Folter	I	49
Lage nach der Völkerwanderung	I	41
Mitschuld an der Verwilderung des Strafrechts	I	49
Pönitenzen	I	42
Prozesse gegen Hexen und Zauberer	I	49
Rücksicht auf Heidenthum	I	42
Stellung zum Staat als Bedingung der Entwicklung des canon. Strafrechts	I	40
besonders in der Karolingischen Monarchie	I	43
Strafgesetzgebung seit 12. Jahrhundert	I	48
Strafgewalt und ihre (gegen die staatliche in umgekehrter Reihe auftretenden) Funktionen	I	41
	u.	42
Unterwirft den Clerus behufs unbedingten Gehorsams ihrer Strafgewalt.	I	44
Zwangsmittel	I	43
	47 u.	49
Kirchenbann	I	43
	u.	46
Kirchenbuße	I	46
	II	442, 503
Kirchenbußen als Surrogate oder Ergänzungen weltl. Strafen	II	448
Kirchenfriedensstörung(§167 Reichsstrafgesetzbuch)	III	269
Kirchenraub. C. C. C.	I	70
Im Uebrigen siehe unter Diebstahl.		
Kirchenspaltung als Verbrech.	I	44
Kirchenväter, Verhältniß zum Talmud	I	20
Kirchliches Begräbniß s. unter Verweigerung ꝛc.		
Kirchliches Strafrecht s. unter Canon. Strafrecht.		
Kirchliche Verbrechen (nach canon. Recht)	I	44
Klassische Literatur selbst nimmt Interesse an den strafrechtlichen Fragen	I	84
Klöster, Einfluß auf Strafrecht	I	43
	II	442
Strafvollzug daselbst	I	47
Königsbann	II	449
Königsfrieden	I	57
Königthum, Bedeutung für altrömisches Strafrecht	I	22
	u.	23
Konkurs s. Bankerutt.		
Körperliche Züchtigung. Im Canonischen Recht	I	47
Im Germanischen Recht der späteren Zeit	I	56
Im Mosaischen Recht	I	19
Im Römischen Recht	I	24
	u.	33
Modernes, Reichsstrafrecht	II	523
	u.	524
Körperverletzung im Allgemeinen	III	519ff.
Im Canonischen Recht	III	520
Im Germanischen Recht	III	521
In der Peinlichen Halsgerichts-Ordnung	III	523
Im Römischen Recht	I	24
	u. 30. III	519
Modernes R., Reichsstrafrecht	III	525ff.
Absicht zu beleidigen verschieden vom Dolus	III	529
Antragstellung	III	554
Aeußerlich chemische Einwirkung auf den Körper	III	527
Keine strafb. dolose Körperverletzg. gegeb., wenn		

	Band.	Seite.
gelegentlich der Rettung eines Menschen, und bei Absicht das Züchtigungsrecht auszuüben, wenn keine Ueberschreitung des letzteren vorliegt...	III	528
„Mißhandlung" ...	III	533ff.
Mittelbare Einwirkung auf den Körper ...	III	526
Privatbuße.....	III	550
Provokation als Milderungsgrund	III	549
Schmerzgeld	III	550
Strafbarkeit	III	531ff.
Strafverfolgung ...	III	554
Unterlassungen u. dadurch Einwirkung auf den Körper.....	III	527
Versuch......	III	531
Zusammentreffen v. dolus und culpa.....	III	529
Körperverletzung i. Einzeln. Fahrlässige Körperverletzungen...	III	527 u. 549
verübt durch Medicinalpersonen in Ausübung ihres Berufs ...	III	545
„Mißhandlung" ...	III	533
Schlägerei	III	551
Schwere Körperverletzung.....	III	536ff.
(vom ärztlichen Standpunkt aus)	III	476ff.
mit Gift	III	557
Begriff von Gift..	III	561
mit tödtl. Erfolg	III	544
Rößlin	I	310
Krankhafte Veränderungen der Gemüthsstimmung u. des Vorstellens....	II	229
— — der Willensthätigk.	II	232
Krankheit (Fieber ꝛc.) bei Zurechnung......	II	167
Kuppelei.......	III	316
Kurhessen.......	I	88
Coienstrafrecht, Scheidung v. geistl. Standesstrafrecht nach canon. Recht...	I	40
Verwachsung mit demselben in der Karoling. Monarchie	I	43
Landesstrafrecht u. RStrR.	I	133
	II	3
Im Uebrigen s. RStrR.		
Landesverrath(Vgl.Verrath)	III	45ff.

	Band.	Seite.
Begriff	III	45
Diplomat. Landesverrath.	III	52ff.
Gemeinsame Bestimmungen für Hochverrath u. Landesverrath	III	55ff.
Militärischer Landesverrath	III	46ff.
Landesverweisung (späteres german. Recht)..	I	64
Aufhebung derselben durch Friedrich d. Gr. im Jahre 1744......	I	73
	u. 91. II	499
Landesverweisung geg. Ausländer	II	499
Landfrieden, Landfriedensgesetze......	I	58
Landfriedensbruch Im german. Recht b. späteren Zeit	I	57
seit der C. C. C....	I	72
Neues Recht, Reichsstrafrecht.....	III	163ff.
Landesrechte f. Partikulargesetzgebungen.		
Landrechte	I	58
Landwirthschaftliche Strafstationen......	II	496
Landzwang......	III	163
Lauenburg......	I	88
Leben des Menschen, Angriffe auf dasselbe, u. Schutz desselben überhaupt nach dem RStrGB......	III	411 u. 412
Lebensgefährdung im Röm. Recht ...	I	29
Lebenslängl. Ehrenentziehung verwerflich ...	II	506
Vgl. Ehrenstrafen.		
Lebenslängliche Freiheitsstrafe verwerflich	II	436
	437 u.	548
Vgl. Strafmittel, Freiheitsstrafen.		
Lebensmittelfälschung ..	III	904
Leges judiciorum publicor.	I	25
Ursprünglicher Text ..	I	27
„Leges ignorare non licet".	II	155
Lehens-Einziehung ...	I	64
Lehensrechtliche Periode in Deutschland	I	57
Lehenswesen, Einfluß auf Strafrecht	I	57
	58 u. 62. II	449, 450
Leibesstrafen (vgl. Körperl. Züchtig., Verstümmelnde Strafen).		

	Band.	Seite.
Im german.-deutsch. Recht der spätern Zeit ...	I	56
u. II	453,	454
Im röm. Recht, älteste Zeit	I	24
zur Zeit der Imperatoren	I	33
Modernes, RStrR..	II	523f.
Leibnitz	I	254
Leichen, Vergehen in Bezug darauf (§168 b.RStrGB.)	III	271
Leichenraub nach röm. Recht	I	31
Leibenschaften	II	263
Leltendes Prinzip des Strafrechts s. Allgem. Strafzw.		
Lex		
Acilia	I	27
Appuleja de majestate minuta	I	28
Baebia	I	28
Calpurnia	I	25
27 u.		28
Cornelia	I	28
— (Sulla)	I	28
— de injuriis.....	I	30
	III	519
— nummaria et testamentaria de falsis ...	I	29
	III	215
— de sicarius et veneficis	I	29
u. 30. II 272. III 406,	519,	520
u.		557
Fabia de plagiariis ...	I	29
	III	597
Julia........	I	28
— ambitus......	III	916
— (Augusti) de vi publica et privata ...	I	28
III 500, 569, 588, 871 u.		916
— (Caesaris) de vi...	III	520
569, 609 u.		916
— de adulteriis	I	30
II 272. III		421
— peculatus et de residuis	I	29
u. III		916
— repetundarum ...	III	915
Licinia de sodaliciis ..	I	28
Lutatia	III	569
Plautia . '	I	28
	III	569
Pompeja	I	28
— de parricidis	I	29
	III	406
— de vi	I	28
	III	569
„Quisquis" (Arcadius)..	I	37
Repetundarum	I	25
Servilia Glaucia	I	27
Tullia (Cicero)	I	28
Varia	I	28

	Band.	Seite.
Libri poenitentiales ...	I	43
— terribiles	I	21
Lieferungsvertragsverletz. bei Krieg und Noth..	III	909
Literarisches Eigenthum..	I	88
Literatur		
Allgemeine criminalistische Fachzeitschriften....	I	142
u.		143
Ausländische nach der Zeit der C. C. C......	I	74
75 u.		76
Criminalpolitische Literatur des 18. Jahrh.....	I	82
83 u.		84
Dogmatische Literatur des german.-deutsch. StrR. v. Anf. b. Ende b. 18. Jahrh.	I	79
Engl. Strafrecht betr...	I	177
u.		178
Französ. Strafrecht betr..	I	191
192, 193 u.		194
Gem. deutsch. Recht bis Anfang b. 18. Jahrh. betr.	I	76
77 u.		78
Italienische Criminalisten .	I	66
Naturrechtliche Doktrin .	I	80
u.		81
Neue, aus dem 19. Jahrh.	I	84
85 u.		86
Vorwiegend rechtsdogm..	I	85
Nordamer. Strafrecht betr.	I	183
Oldenburg. StrGB. betr.	I	101
Preuß. StrGB. von 1851 betr........	I	99
u.		100
Preuß. Strafrecht der früheren Zeit betr. ...	I	94
u.		95
Systematische Behandlung,	I	80
u.		81
Theorie des 19. Jahrh. betr.	I	138
139, 140, 141, 142 u.		143
Im Uebr. s. die Wortbezeichnungen der betreffenden Literaturobjekte.		
Lokale Natur der Polizeiverbote	I	6
Lombardische Hochschulen .	I	74
Lombardische Städtegewohnh.	I	65
Lotterien (§ 286 RStrGB.)	III	829
Lübeck'sches Strafgesetzbuch	I	101
Lücken des Gesetzes s. unter Ergänzung ꝛc.		
Luxuria (Köstlin)	II	187
u.		217

Band. Seite. | Band. Seite.

Magistratus (resp. Impera-
tor), Angriffe auf denselben I 28
Majestätsbeleidigung . . III 58ff
Absicht zu beleidigen . . III 66ff.
Allgem. Inhalt der Straf-
bestimmungen . . . . . III 60
Ausdruck „Majestätsbelei-
digung" fehlt im Reichs-
strafgesetzbuch . . . . III 58*
Beleidigung des Landes-
herrn . . . . III 61ff.
Beweis der Wahrheit . . III 70
Kompensation. . . . . . III 71
Retorsion . . . . . . III 71
Strafandrohung . . . . III 72
Strafe . . . . III 72ff.
Subjecte der That . . . III 64
„Tadelnde Urthelle" u. s. w.
(§ 193) . . . . . . III 70
Verleumdung? . . . . III 70ff.
Wahrheitsbeweis . . . . III 70
Willensbestimmung . . III 66ff.
Majestätsverbrechen im Röm.
Recht s. crimen majestatis.
Malefzordnungen . . . . I 63
Mangel einer Rechtsver-
letzung trotz äuß. Scheins
aus folgenden Gründen:
Einwilligung d. Verletzten,
Gewalt als Pflicht oder
Recht,
Nothstand,
Nothwehr,
Wahnverbrechen . . . . II 121ff.
Mangelhafte Ausbildung d.
rechtlichen und moralischen
Unterscheidungsfähigk. als
allgem. Strafmilderungs-
grund . . . . II 564
Manie . . . . II 239
Marken- u.Stempelfälschung
(§ 275 RStrGB.) . . III 809
Mater Carolinae. . . . . I 68
Materielles Strafrecht . . I 3
Materielle Zurechnung . . II 569
Mecklenburg . . . . . . I 88
Medizin und Strafrecht . . I 13
Medicina forensis . . . . I 15
u. 16
Meineid.
Im canonischen Recht . . III 230
In der Peinlichen Hals-
Gerichts-Ordnung . . . III 230
Im römischen Recht . . III 229
In den Strafgesetzbüchern d.
18. u. 19. Jahrhunderts . III 221

Reichsstrafrecht:
Eidesbruch . . . . . III 242
Fahrlässiger Falscheid . III 243
Falsches beschwor. Zeug-
niß . . . . . . III 232
Meineid (im eng. Sinn) III 232
Rechtfertigt sich die An-
nahme der strafbaren
Fahrlässigkeit (§ 163)? III 243
Verleitung zum Meineid III 240
Versicher. an Eidesstatt III 238
Widerruf des fahrlässigen
Falscheides als Straf-
milderungsgrund . . II 569
Melancholie . . . . . II 239
Menschenraub . . . . . III 596ff.
Im Gemeinen deutschen
Recht . . . . . III 598
Im Römischen Recht . . I 29
u. III 597
Reichsstrafgesetzbuch
(§ 234). . . . . . III 600ff.
Menschliche Willensfreiheit II 152
Metalla s. Damnatio etc.
**Meuterei unter den Gefan-
genen** behufs Selbstbe-
freiung . . . . . III 143
Milderes Gesetz, seine An-
wendung . . . . . . II 26
u. 27
insbesondere
bei Antragsreaten des
neuen Gesetzes . . . II 29
bei fortgesetzt.Verbrechen II 28
bei Rückfall . . . . II 28
bei Verjährung . . . II 23
„Mildernde Umstände". . II 552
Milderung der Strafe siehe
Strafmilderung.
Militärdienst, Vergehen in
Bezug darauf . . . III 201ff.
Militärische Strafen . . II 542
Minderjährige, gewinnsüch-
tige Benupg. deren Leicht-
sinns und Unerfahrenheit III 845
Minderjährigkeit s. Jugend.
Mißbrauch d. Amtsgewalt II 124
Im Uebrigen siehe Amts-
verbrechen.
Mißbrauch zur Unzucht . . III 302
„Missethat" . . . . . . II 88
Mißgeburten als Objecte der
Tödungsverbrechen. . . II 413
Milanstiftung . . . . . II 376
Mitthäterschaft . . . . II 408
Mittelalterliche Anschauungen
(Thomas Aquinus etc.) . I 249
Mittelalterliche Kirche. . I 39

	Band.	Seite.
Mittelalterlicher Zustand des Strafrechts in Deutschland	II	450
Mittermaier	I	304
	u. II	484
Moralische Ehre b. b. Ehrenstrafen	II	508
Mord (vgl. Töbtung im Allgemeinen)	III	425ff.
Im Englischen Rechte	III	431
Im Französischen Rechte	III	426
Im Germanischen Rechte	I	57
	u. III	407ff.
In der Peinlichen Halsgerichts=Ordnung	III	408
	u. 426	
Im Römischen Rechte	I	29
	u. 30	
Reichsstrafrecht.		
Ueberlegung	III	426ff.
Zeitpunkt	III	427
Vorbereitende Handlgen., sind nicht Strafbestimm. für dieselb. z. empfehlen?	III	421
Mos als Fortbildungsorgan des Römischen Strafrechts	I	33
Mosaisches Recht im Römischen Strafrecht seit Constantin	I	36
Mosaisches Strafrecht	I	17
Eigenthumsverbrechen	I	18
Fluch	I	18
	u. 19	
Fortbildung insbesondere im Neuen Testament	I	19
	u. 20	
Fortbildungsfähigkeit der Mosaischen Sabung	I	20
Geschlechtsverbrechen	I	18
„Göttliche Rache"	I	18
Kerith	I	18
	n. 19	
Oeffentl. Bestimmung desselben	I	18
Privatrache	I	18
	u. 19	
Religiöses und staatliches Element	I	18
Strafarten	I	18
	u. 19	
Strafbrohungen, Grab ihrer Strenge	I	18
Talion	I	18
	u. 19	
Theokratische Bestimmung desselben	I	18
Todesstrafe, Vollstreckungsarten	I	18

	Band.	Seite.
Mosaisches Recht, Wahn der Richter früher	I	73
Multa	I	26
Münzverbrechen und =Vergehen im Allgemeinen	III	215ff.
Im German.=deutsch Recht	III	216
In der Peinlichen Hals=Gerichts=Ordnung	III	216
Im Römischen Recht	III	215
Neueres deutsches R.	III	216ff.
Handlung	III	217
Object	III	216
Versuch	II	285
	u. III	219
Münzverbrechen und =Vergehen im Einzelnen	III	220ff.
Fälschung und Verfälschung	III	220
Gefälschten Geldes Verbreitung	III	222
Uebrige Vergehen (§ 150, 151)	III	225
Nachdruck und Nachbildung	III	1021ff.
Confiskation	II	517
	u. III	1041
Geschichtliche Entwicklung	III	1024
Gesetzgebung	III	1023
Literatur	III	1022
Nachbildung	III	1046
Staatsverträge	III	1023
Strafrechtliche Folgen	III	1038
Unterlassung der Quellenangabe	III	1041
Urheberrecht	I	88
	u. III	1030
Verfahren	III	1044
Versuch, Vollendung	III	1043
Nachmosaisches Recht	I	19
	u. 20	
Nachtwandeln	II	263
Nassau	I	88
Nassauisches Strafgesetzbuch	I	104
Nationalconcilien in Franken	I	43
Nationale Natur d. Strafrechts	I	7
„Natürliches" Strafrecht	I	7
Naturrechtl. Anschauungen u. Doktrin im 18. Jahrh.	I	80
	81 u. 92	
Naturrechtslehre, Einfluß seit C. C. C.	I	73
Neues Testament, Bedeutung für Strafrecht	I	20
Nichtanzeige begang. Verbr.	II	427
Nichtanzeige bevorst. Verbr.	II	391ff.
Nichtcapitalstrafen des röm. Rechts	II	440

Band. Seite.

Nichtkaufmännisch. Bankerutt II 12
Im Uebr. s. unter Bankerutt.
Nichtkenntniß der zum Thatbestande nothwend. Thatumstände . . . . . II 203
(Vgl. Irrthum)
Niederländische Juristen, Einfluß im deutsch. Gerichtsgebrauch seit C. C. C. . I 74
Niederländische Strafgesetze Philipps II von 1570 . I 70
                                                    u. 320
Nordamerika . . . . I 178
Norddeutsches Strafgesetzbuch von 1870 . . . I 90
                                        127 u. 320
Im Uebrigen s. Reichsstrafgesetzbuch.
Norwegen . . . . . . I 159
Notare, Verbrechen n. Vergehen derselben im Berufe s. unter Amtsverbrechen.
Nöthigung III 568ff.
Im älteren deutsch. Recht III 571
Im röm. Recht . . . . III 569
Reichsstrafgesetzbuch (§ 240) . . . . . . III 573
Nöthigung der Beamten in Bezug auf eine Amtshandl. III 125ff.
Nöthigung und Bedrohung III 567ff.
Im Uebr. s. unter Verbrechen gegen die persönliche Sicherheit.
Nothstand („Gut geg. Gut") II 132ff.
                          u. II 569
Nothständesteigerung . . . III 906ff.
Epidemien . . . . . . III 907
Lieferungen in Krieg u. Noth . . . . . III 909
Viehseuchen . . . . . III 908
Nothwehr („„Unrecht gegen Unrecht"" — uneigentlich) II 137ff.
Als Strafmilderungsgr. (bei Exceß) . . . . II 569
Güterschutz mit dem äußeren Schein des Unrechts . II 138ff.
Grenzen der Nothwehr . II 145ff.
Ueberschreitung . . . . II 146
                        u. 569
Vertheidigung Anderer . . II 148
Voraussetzungen . . . . II 141ff
Angriff . . . . II 141
Gegenwärtigkeit des Angriffs . . . . II 143
Rechtswidrigkeit des Angriffs . . . . . . II 144
Nothwendiger Inhalt der Strafe (Erziehung) . . I 328

Band. Seite.

Nothwendigkeitstheorien . . I 281
Kritik . . . . I 296
Nothzucht . . . . III 309
Nutzenstheorien . . . . . I 243

„Oberrichterliche Gewalt" in Rom . . . . I 30
Obrigkeitl. Anordnungen, Verleumbung . . . . III 173
Oeffentl. Aergerniß durch Unzucht . . . . . III 321
Oeffentl. Bekanntmachungen, Vergehen an solchen . . III 186
Oeffentl. Friede als Gegenstand des Verbrechens . II 117
Oeffentliche Gewalt s. Staatsgewalt.
Oeffentliche Ordnung als Gegenstand d. Verbrechens I 121
Oeffentliche Sicherheit Strafgesetzgebung unter den Byzantinern . . . . . I 36
Oeffentliche Strafe, keine im german. Recht . . . . II 446
                                          447, 449 u. 450
Oeffentliche Strafe, vereinigt mit der Befugniß, deren Vollstreckung durch Geldbuße von der Obrigkeit abzukaufen . . . . . I 61
Vgl. unter Verbrech., welche mit öffentl. Strafe bedroht sind ꝛc.
Oeffentlich rechtliche Natur der Verbrechen, Einfluß diesbezüglich des röm. Recht auf das german. . I 65
in der C. C. C. . . . . I 70
Oekonomische Rücksichten bei Aufstellung d. Strafmittel II 436
Oldenburgisch. Strafgesetzb. I 100
Entstehungsgeschichte . I 100
Inhalt . . . . I 100
                        u. 101
Ist in der That ein verbessertes preuß. Strafrecht . I 100
Literatur s. unter diesem Worte.
Omissivdelikte (vgl. Unterlassungsverbrechen).
Versuchsbegriff . . . . II 285
                        u. 286
Opfer, Bedeutung im altrömischen Strafrecht . . I 22
                                        u. 23
Opfertod d. Verbrechers nach altgermanischem Recht . I 55

	Band.	Seite.
Opferweihe, Formel nach alt-römischem Recht	I	23
Opus publicum, Strafact unter den Imperatoren	I	33
Ordentliches Strafmaß	II	549ff.
Organe der Strafrechtsfort-bildung in Rom	I	33
Orthodoxismus geg. Heidenthum und Ketzerei	I	35
	u.	36
Ortsrechte treten an die Stelle der alten german. Volks-rechte	I	57
Oesterreichische Strafgesetz-gebung	I	120
Aeltere (vortheresianische)	I	120
	u.	121
Constitutio Criminalis Theresiana	I	121
	u.	122
Josephinische Strafgesetz-gebung	I	122ff.
	u. II	454ff.
Strafgesetzbuch von 1803 und beziehungsw. 1852	I	124
Abänderungen	I	125
Inhalt	I	124
Kritik	I	125
	u.	126
Publikation	I	124
Strafrechtstheorie	I	317
	u.	320
„Pace-machen"	II	448
Pandektenrecht, Einfluß auf Codex	I	37
Verschiedenheit der Stufen der Civil- und Strafrechts-ausbildung	I	39
Pandektenschriftsteller über Strafrechtstheorien	I	247
Papst Innozenz III	I	40
Paralytischer Blödsinn	II	248
Parlamentarische Strafen	II	540
Parricidium		
Germanisches Recht	I	57
Röm. Recht, älteste Zeit	I	23
	u. II	405
Zeit der leg. judic. publ.	I	27
Particulargesetzgebungen seit Ende 18. Jahrh. Uebersicht	I	87
Im Uebrigen vergl. das Wort Uebersicht 2c.		
Particularrechte - Wucherung im Ende 18. und im 19. Jahrhundert	I	84
	u.	85
Partirerei, Begriff	III	744
Im Uebrigen siehe unter Hehlerei.		
Peinl. Hals-Gerichts-Ordnung Kaiser Karls V. v. 1532	I	68
	u. II	453
Ansehen	I	70
Ausgaben	I	68
	u.	69
Berathung und Feststellung auf den Reichstagen	I	68
Dauer	I	72
Entwurf Schwarzenbergs, Quellen hiebei	I	68
Inhalt, zunächst processual	I	69
materiellrechtlich	I	70
Milderes Strafensystem als bisher	I	71
Reception	I	71
Recht des Angeklagten und seiner Vertheidigung geschützt	I	71
Richterliche Anwendung der C. C. C. anders Anfangs des 17. als Ende des 18. Jahrhunderts	I	72
Salvatorische Clausel	I	69
	u.	70
Urtheil über den Werth der C. C. C.	I	70
	u.	72
Veränderungen m. d. C.C.C.	I	72
Verhältniß der C.C.C. zu Germanischem Recht, Röm. Recht, Landesgesetzgebungen und Statuten	I	69
	70 u.	71
„Peinliches Recht"	I	4
Pennsylvanisches Zellen-System	II	492
Pentateuch, Bedeutung für Rechtsgeschichte	I	20
Perduellio im altröm. Straf-recht	I	23
	III 405 u.	406
Zur Zeit der leg. judic. publ.	I	27
Personalitätsprinzip i. Beziehung auf den Wirkungskreis des Strafgesetzes	II	34
Personenstandsunterdrückung etc.	III	277
Persönliche Sicherheit als Gegenstand des Verbrechens	II	121
Philosophie in d. Strafrechtswissenschaft	I	11
	12 u.	13
Philosophie nicht Rechtsquelle	I	7

	Band.	Seite.
Philosophische Rechtsschule	I	86
Physiologie, Bedeutung für Strafrecht	I	14
		u. 15
Politische Ehre	II	501
Politische Natur der Verbrechensbestimmungen z. Zeit der leges judic. publ.	I	26
Politische Rechtloserklärung, Röm. Recht	I	26
Politische Theorien	I	243
Politische Verbrechen	I	10
Polizeiaufsicht	II	497
Polizeiaufsicht, Competenz b. Landesgesetzgebungen	II	14
Polizeibußrecht	I	5
		u. 6
Bestandtheil des Verwaltungsrechts	I	6
Polizeilich verbotene Handl. in verbrecherisches Verschulden übergehend	I	6
Polizeil. Verbote, Ursprung, Wesen u. Zweck	I	5
		u. 6
— Allgemeine, Lokale	I	6
Polizeistrafen	II	528ff.
Polizeistrafrecht	I	5
Polizeiübertretungen	I	5
	u. 6. II	96
Im Uebr. s. Uebertretungen.		
Poenae capitales, non-	I	34
Poena collei	I	34
Poena gladii (Imperatorenzeit)	I	33
Poenae medicinales (canon. Recht)	I	46
Ponae vindicativae (canon. Recht)	I	47
Pönitenzen (poenitentiae) im canon. Recht	I	42
	u. 46. II	441
Portugal	I	218
Positive Natur d. Strafrechts	I	7
Post- u. Telegegraphenmarkenfälsch. (§ 275 Reichs-StrGB.)	III	809
Posthumae Carolinae	I	84
Postordnung unter den Byzantinern, grausame Strafen gegen Verstöße	I	36
		u. 36²
Prätorisches Edict im Civilrecht, mangelt im Strafr.	I	37
Praevaricatio	I	32
	u. III	1015
Prävention (vgl. Vorbeugende Maßregeln ꝛc.)	I	92
bei Polizei	I	5
Röm. Recht	I	26
		u. 38
Präventionstheorie	I	261
Gener., Spezialprävention	I	262
Praxis, (vgl. Gerichtsgebrauch, Gerichtspraxis) von der Wissenschaft in den Kreis ihrer Betrachtg. zu ziehen	I	12
Preisgegebene Güter	II	126
Presse	I	88
Vgl. unter Nachdruck ꝛc.		
Presse betreffende Verbrech. u. Vergehen	III	324
Preußisches Strafgesetz	I	88
		89 u. 91
Allgem. Preuß. Landrecht	I	92
Grundanschauungen	I	92
Aelteres Strafrecht (vor d. APrLR.)	I	90
		91 u. 92
Duellmandat 1688	I	90
Entwurf 1784—1788	I	93
Folter beschränkt, dann aufgehoben	I	91
Fortschritt durch d. APrLR.	I	94
Friedrich d. Gr.	I	92
Geltungsgebiet seit 1866	I	91
Kabinetsordres 1746, 1780 u. 1826	I	92
		93 u. 96
Landesverweisung aufgehob.	I	91
Landrecht 1620	I	91
Landrecht 1721	I	90
		u. 91
Literatur s. unter diesem Worte.		
Patriarchal. Despotie gegenüber den Staatsverbrechen im APrLR.	I	94
Praxis des preuß. Strafr.	I	94
Privilegium de non appellando vom 31. Mai 1746	I	92
Richtung des APrLR.	I	93
		u. 94
Strafrechtstheorie im APrLR.	I	317
Todesstrafe beschränkt	I	91
Verkündung u. Inkrafttretung des APrLR.	I	93
Wissenschaft bezüglich des PrLR.	I	95
Zeit der Entstehung des APrLR. ungünstig	I	93
Preuß. Strafgesetzbuch vom 14. April 1851	I	95ff.
	II	459ff.
Annahme durch d. Kammern	I	97

	Band.	Seite.
Anschluß an derer Staaten	I	98
Entwurf 1830	I	96
Geltungsbereich	I	97
		u. 98
Inhalt	I	98
In Kraft getreten 1. Juli		
1851	I	97
Kritik	I	98
		u. 99
Literatur f. unter diesem		
Worte.		
Revidirter (II) Entw. 1830	I	96
— (III) — 1836 . . .	I	96
— — 1843 . . .	I	96
		u. 319
— — 1845	I	96
— — 1847	I	97
Strafenübersicht	II	459
Vorlage an die Kammern	I	97
Priesterlich unsühnbare Hand-		
lungen im altröm. Straf-		
recht	I	23
Priesterrecht im altrömischen		
Strafrecht	I	23
Priesterthum im altrömischen		
Strafrecht	I	22
Prinzip des Strafrechts im		
Staate	I	321
		u. 339
Privatanklage	I	10
Privatbuße, (Vergl. Compo-		
sition.) German. Recht .	I	53
	56, 64. II 446	u. 450
— Mosaisches Recht	I	19
Privatbuße an den Beleidig-		
ten auf Verlangen nach		
Reichsstrafrecht (§ 188) .	III	273
		u. 357
Privatbuße an den Verletz-		
ten bei körperl. Verletzg.		
nach Reichsstrafr. (§ 231)	III	550
Privatbuße, Wandelung der-		
selben im älteren deut-		
schen Recht	I	64
		u. II 452
Privatdelikte, Germanisches		
Recht	I	60
— Röm. Recht .	I	38
Privatfehde (vgl. Fehderecht)	II	446
Privatio beneficii (Canonisches		
Recht	I	47
Privatrache (vgl. Antragsver-		
brechen, Deliktsklage) im		
altrömischen Recht . . .	I	22f.
— im Jüdischen Volks-		
stamm	I	18
Verhältniß zur Talion nach		
Mosaischem Recht . . .	I	19

	Band.	Seite.
Privatstrafe	I	4
	u. II	441
„Privatverbrechen" (vergl.		
Privatdelikte) nicht im alt-		
römischen Strafrecht . .	I	23
Privilegien des Geistlichen		
Standes i. späteren Germ.		
Recht	I	53
Privilegien der Geistlichen u.		
Soldaten unter d. Byzan-		
tinern	I	36
Propheten des alten Testa-		
ments, Bedeutg. f. Rechts-		
geschichte	I	20
Proscriptionen	I	26
Pseudoisidorische Decretalen	I	40
Psychiatrie, Beziehung zum		
Strafrechte	I	16
Psychische Einwirkungen als		
Mittel bei den Tödtungs-		
verbrechen	III	418
Psychologie, Betheiligung an		
Strafrecht	I	14
Psychologische Analyse d. That	II	258
Psychologische Zwangstheorie	I	257
Publicatio omnium bonorum	I	34
Pyrmont	I	98
Quaestiones perpetuae . . .	I	25
Qualifikationen des Thatbe-		
standes verringert . . .	I	89
„Quasi-Verbrechen" . . .	I	33
Quellen des allg. Strafrechts	I	7
Quellen des deutschen Straf-		
rechts	I	17
	bis	143
Rache, Racherecht	I	18
	u. II	446
Rache im Volke durch die		
Kirche gemildert . . .	I	45
Rangverhältnisse in Rom .	I	34
Vervielfältigt u. d. Byzan-		
tinern	I	36
Rath der Sachverständigen		
nach der C. C. C. . . .	I	71
Raub		
Im german. Recht . . .	III	715
Im röm. Recht	I	64
	u. III	715
Im Strafgesetzbuch d.		
Deutsch. Reichs . .	III	715ff.
Begriff	III	716ff.
Gewalt"	III	719
Gewaltthätig. Dieb	III	722
Qualifizirter Raub	III	720
Theilnahme	III	724
Versuch	III	723

Band. Seite.

Räuberbanden in den Röm. Provinzen, Strafbeſtimmungen . . . . . . I 36

Räuberweſen in Deutſchl. um die Zeit der C. C. C. . . I 73

Kaufhandel: Gemeines deutſches Recht (C. C. C.) . . . . . III 416

Heutiges Recht . . . . III 416

Reale Concurrenz ſ. Zuſammenfluß.

Reception des Römiſchen Rechts in Deutſchland und ſeine Folgen in Bezug auf das germ.deutſche Strafrecht . . . . I 62
u. 65

Recht der Analogie . . . II 79

Rechtsländigkeit ſ. Orthodoxie.

Rechtliche Ehre . . . . II 501

Rechtliche Verantwortung ſ. dolus, Verantwortung.

Rechtmäßigkeit als Strafausſchließungsgrund . . . II 121ff.
123 u. 125

Bei Tödtung . . . . III 421ff.

Rechtsanalogie (vergl. Analogie) . . . . . . II 76

Rechtsbedenken, ihr Einfluß II 212

Rechtsbeiſtände, Verbrechen u. Vergehen ſ. unter Amtsverbrechen.

Rechtsbelehrung, deren Mangel Strafmilderungsgrund (§ 157) . . . . . . II 214

Rechtsbewußtſein . . . . II 154

Rechtsbücher . . . . . I 58

Rechtsgrund der Strafe . . I 333

Rechtsgefährdung . . . . II 93ff.

Rechtsgeſchichte (vergl. Geſchichte ꝛc.) Hilfsmittel der Geſetzerklärung . . . . I 12
u. 20

Rechtsirrthum (vgl. Irrthum) II 155

Rechtsirrthum, Aufgabe der Geſetzgebung . . . . II 212

Rechtsirrthum befreit, wo Rechtswidrigkeit des Vorſatzes als thatſächlich, Moment des Verbrechens ſtatuirt wird . . . . . II 212

Rechtskenntniß im Allgem. Pflicht . . . . . . II 155

Rechtspflege, Behinderung, Hemmung und Mißbrauch derſelben nach Röm. Recht I 32

Rechtspflege im Neuen Deut

Band. Seite.

ſchen Reiche, Solidarität derſelben . . . . . . II 18

Rechtsſchutz iſt Schutz der Güter, deren Werth im Strafrecht aus dem Geſichtspunkt des Werthes der Güter für die Geſammtheit bemeſſen wird . . . II 129

Rechtsſtrafe . . . . . . I 328

Rechtstheorien . . . . . I 270

Kritik . . . . I 278

Rechtsunſicherheit des Mittelalters . . . . I 45

Rechtsverletzung . . . . . I 93ff.

Rechtswidrige Abſicht . . II 209

Rechtswidriger Vermögensvortheil . . . . . . II 210

Rechtswidrige Zueignung . II 209

Rechtswidrigkeit neben Vorſatz im RStrGB. ausdrücklich ſtatuirt bei: Amtsverbrechen, Beſitzentfremdung, Beträgeerhebung, Betrug, Depeſchenverrath, Diebſtahl, Erpreſſung, Raub, Unterſchlagung, Urkundenfälſchung (einfacher), Zueignung . . . . . II 209
u. 210

Reformation, Anſicht über das Verhältniß d. Neuen Teſtaments zur Geſetzgebung des Staats . . . . . . I 20

Rehabilitation . . . . . II 506

Reichsgeſetzgebung über das Strafrecht in der lehnsrechtlichen Zeit . . . I 57
u. 58. II 449

Reichspolizeiordnungen d. 16. Jahrhunderts . . . . I 72

Reichsrecht und Landesrecht, Reichsrecht und Sonderrecht ſ. Reichsſtrafrecht ꝛc.

Reichsſtrafgeſetzbuch, Reichsſtrafrecht . . . . . . I 127

Ausgaben . . . . . I 135
u. 136

Commentare . . . . . I 136
137 u. 138

Entſtehung des Norddeutſch. Strafgeſetzb. I 127

Antrag PlanckWagner, 30. März 1868 . . . I 128

	Band.	Seite.
Cobifikations-Nothwendigkeit hier früher erkannt als beim Civilrecht	I	127
Commiffion aus Auftrag des Bundesraths	I	129
Dr. Friedberg Verfaffer des Entwurfs	I	128
Grundrechte 1848	I	127
Kritiker	I	130
	131, 132 u.	133
Militärftrafr. schon 1867 erlaffen	I	128
Reichstagsberathung	I	129
		u. 130
Dr. Schwarze	I	129
Strafrechtstheorie	I	320
Reichsstrafrecht u. Landesstrafrecht, gegenseitiges Verhältniß i. Allgemeinen und beziehungsweise in den nachfolgenden speciellen Punkten	I	133
	II	3ff.
Allgemeiner Theil d. Reichsstrafgesetzbuchs ein subsidiär gemeines Recht	II	20
Aufstellung von besonderen Strafmilderungsgründen	II	19
Ausdehnung (Umfang) der Competenz der Landesgesetzgebungen auf den vom RStrGB. ausdrücklich nur provisorisch geordn. Gebieten	II	12
Bankerutt	II	12
Beschränkung der Landesgesetzgebungen bezüglich der Strafmittel	II	14
		u. 15
Disciplinarstrafrecht	II	4
Einziehung von Holzungsrechten	II	14
Erläuterung des Reichsgesetzes durch ein Landesgesetz ausgeschloffen	II	9
Forst- (Holz-) Diebstahl	II	11
		u. 20
Forst- und Gemeindearbeit	II	14
		u. 15
Frage, welche Gegenstände d. Reichsstrafgesetzbuch als durch die Reichsgesetzgebg. erschöpft betrachtet	II	5
		6 u. 7
Gebiete, welche der Landesgesetzgebung belaffen wurden	II	7
		u. 10
Geldstrafe	II	14
		u. 15
Gewerbsentzug	II	14
Herabsetzg. d. Strafminima	II	19
Maximum der Gefängnißstrafe	II	14
	15 u.	20
Modalität der Strafmittel	II	15
Negative Funktion einzelner Bestimmungen des Reichsstrafgesetzb., um angrenzende nicht genannte Handlungen für ftraflos zu erklären	II	6
		u. 7
Polizeiaufsicht	II	14
Polizeistrafgesetzgebung	II	4
Schärfung der Strafmittel	II	15
Solidarität d. Strafrechtspflege im ganzen Reiche, Confequenzen	II	18
		u. 19
Sufpenfion der Ehrenrechte während einer Unterfuchg.	II	14
Uebergangsbeftimmungen	II	13
Ueberschriften (Rubriken) d. Abschnitte des RStrGB. wichtig	II	6
Verjährungsfriften	II	19
Verfuchsstrafe	II	19
Verweis	II	15
Zeitliche Begrenzung des Bereiches des RStrGBs.	II	9
		u. 10
Züchtigung von Kindern	II	14
Zurechtweisungen und Ermahnungen	II	15
Zufätze zum Reichsgesetze unter Umständen den Landesgesetzen gestattet	II	9
Reichsstrafrecht und Sonderrecht geschieden seit den Zeiten der Karolingischen Monarchie	I	53
	57 u.	58
Reichstagsabschiede des 16. Jahrh.	I	71
Relativ beftimmte Strafandrohung in Beziehung auf die Individualität sowohl des Verbrechens als des Verbrechers	II	549ff.
Relativ beftimmte Strafandrohungen nöthig	II	549
Relativ oder absolut bestimmte Straf-Art	II	549
		u. 550
Relativer Inhalt der Strafe	I	325

	Band.	Seite.
Relative Strafbestimmungen	II	437
Relatives Strafmaß . . .	I	89
Relative Theorien	I	243
Relegatio	I	33³
	u. II	439
Religionsdiener, Verbrechen u. Vergehen f. unter Amtsverbrechen.		
Religionsfriede als Gegenstand des Verbrechens .	II	117
Religionsfriedensstörung nach § 166 des RStrGB.	III	266
Religionsverbrechen im alten deutsch. Peinlichen Rechte	III	263
Religiöse Aufklärung seit der C. C. C.	I	73
Repetunden (lex repotundarum etc.)	I	25
	u.	28
Rescripta	I	32
als Organe der Fortbildung des Strafrechts . . .	I	33
Retorsion bei Beleidigungen	III	369
Im Uebr. f. Beleidigung, Körperverletzung.		
Revision der Strafgesetzgebg.	I	9
Revolution 1848, Einfluß des Fehlschlagens	I	89
Richterliches Ermessen, Steigerung desselben innerhalb des Gesetzes . .	I	89
Richterliche Willkür (vgl. Gerichtsgebrauch, Gesetzgebung) zu beschränken .	I	92
Ritterstand in Deutschland entzieht sich d. Volksrechtspflege	I	58
Römische Anschauungen (Cicero, Gellius, Quinctilianus, Seneca, Tacitus) .	I	246
Römisches Strafrecht (Vgl. Reception ꝛc.)	I	21
	u. II	439
Altrömisches, XII Tafeln .	I	22
Nach den XII Tafeln . .	I	24
	u. II	439
Christenthum, Aenderungen durch dasselbe	I	32
	u. II	440
Culpa hereingezogen . .	I	32
Entwicklungsperioden . .	I	21
	u.	22
Gesammtresultat der ganzen Entwicklung	I	37
Höhenpunkte d. Entwicklung	I	39
Milderung der Strafmittel seit den XII Tafeln . .	I	25
	Band.	Seite.
Periode der leges judicioorum publicorum . . .	I	25
Quellen	I	21
Standesstrafrecht unter d. heidnischen Kaisern . .	I	34
Umgestaltung durch den Untergang der Republik . .	I	30
crimina extraordinaria .	I	31
Umgestaltung der Strafmittel unter den Kaisern	I	31
Umgestaltung unter d. christl. Kaisern seit Constantin .	I	35
	36 u.	37
Bewußt. Zurückgehen auf Mosaisches Recht . .	I	36
Umgestaltung unter d. heidnischen Kaisern . .	I	33
Vermehrung der Straffälle unter den Kaisern . . .	I	31
Römische Rechtswissenschaft im Allgemeinen . . .	I	39
Entwickelungsperioden . .	I	21
Gesammtresultat aus der röm. Strafrechtsentwicklg.	I	37
Höhepunkte	I	39
Rechtsgeschichte v. vorwiegender Bedeutung . . .	I	21
Stufe im Vergleich zur Civilrechtswissenschaft . .	I	21
Röm. u. German. Strafrecht in Wechselwirkung . . .	I	65
Röm., Canon. u. German. Recht, Geltungsbereich in Deutschland	I	67
Rossi	II	486
Rousseau	I	270
Rückfall		
Aus der Reihe der gesetzl. Strafschärfungsgründe zu streichen	II	560
Strafausmessung . . .	II	559ff.
Rückfallsstatistik	I	13
Rücktritt bei Anstiftung . .	II	371f.
Rückwirkende Kraft d. Strafgesetzes	II	26
bei authentischer Interpretation	II	29
Rügerecht	II	83
Rurale Vergehg. (an Aeckern und Feldern), XII Tafeln	I	24
Rußland	I	225
Säcken (Strafart)	I	34
	u. II	451
Sacrale Elemente im altröm. Strafrecht als Uebergang von der Todesstrafe zur Freiheitsstrafe	I	23

	Band.	Seite.
Sacralrechtlicher Grundtypus des altröm. Strafrechts	I	23
Sacratio	I	23²
Sacratio capitis	I	23
	u.	26
Sacrilegium	I	45
Sachbeschädigung	III	848
im röm. Recht (XII Taf.)	I	24
	n.	32
Einfache	III	853
Qualifizirte	III	854
Sächsisches (Königl.) Strafgesetzbuch	I	105
106, 107, 108 u. 318.	II	458
Sachverständige, unwahre Entschuldigung	III	196
Sanhedrin (Synedrium)	I	20
Savigny	I	96
Schadenersatz altröm. Recht	I	23
Mosaisches Recht	I	19
Schärfungen der Strafe	II	509ff.
Schaumburg-Lippe	I	88
Scheidung von Reichsrecht und Sonderrecht im alten deutschen Recht	I	53
	u. II	449
Scheinbuße	I	61
	u. II	447
Scheintodte als Objekte der Tödtungsverbrechen	III	414
Schifffahrtsgefährdung	III	903
Schiffszusammenstoß zur See	III	210
Schlaf	II	167
Schlaftrunkenheit	II	263
Schleswig-Holstein	I	88
Schmerzgeld nach RStrR.	III	550
Schöffen, unwahre Entschuldigung	III	196
Schuld (vgl. Verschuldung, Zurechg.)	I	16
	u. II	110
Grenzbestimmung nach der Individualität	III	469
Schulstrafen	II	533ff.
Schulzuchtsrecht	II	125
Schutz der Ehe, öffentlichen Sicherheit, Rechtgläubigkeit, Verwaltungsrechtsordnung durch das Röm. Recht seit Constantin	I	36
Schutz des Lebens nach dem RStrGB. überhaupt	III	412
Schutz gegen Vermögensververletzungen in Rom	I	31
von Schwarzenberg	I	68
Schweden	I	153
Schweiz	I	145

	Band.	Seite.
Schwerer Diebstahl	III	672ff.
Im Uebrigen siehe unter Diebstahl.		
Schwere Körperverletzung	III	536ff.
(vom ärztl. Standpunkt).	III	476
Im Uebrigen siehe unter Körperverletzung).		
Schwören.		
Seit C. C. C.	I	72
Siehe Fluchen.		
Scopelismus	I	32
	u. III	581
Seelenmedicin (vergl. Canon. Recht, Strafmittel)	II	441
Seelenzustände siehe Zweifelhafte ꝛc.		
Selbständigkeit der öffentlichen Strafe nach altröm. Strafr. auf kleinen Kreis beschränkt	I	23
Selbstbefleckung	II	116
Selbstbestrafung nach altröm. Strafrecht	I	24
Selbsthülfe (vgl. Blutrache) gegen den Frevler im altrömischen Strafrecht	I	22
Selbstmord	I	91
II 116. III 416, 417 u.		418
Selbstverbannung nach altrömischem Strafrecht	I	24
Selbstverstümmelung	II	116
Selden	I	253
Senatus consulta	I	31
Als Fortbildungsorgane des Strafrechts	I	33
Senatus consultum de Bacchanalibus	I	25
	u. II	419
Sendgerichtliche Strafzucht seitens der Kirche	I	40
Sicherung des Staats durch Abschreckung ob. Besserung	I	92
Simonie	I	44
Simulation	II	258
Sittengeschichte und Strafr.	I	13
Sodomie	I	45
Soldaten, privilegirt unter den Byzantinern	I	36
Solidarität der Strafrechtspflege im deutschen Reiche, Consequenzen hievon	II	13
	u.	19
Sonderrecht, unterschieden v. Reichsrecht seit den Zeiten d. Karolingischen Monarchie	I	53
	57 u.	58

Band. Seite.

Soror Carolinae . . . . . I 68
Spanien . . . . I 215
Specialgesetzgebung (vergl. Codifikation) . . . . I 8 u. 9
Staatliche Aberkennung von Rechten . . . . . . II 126
Staatliches Strafrecht der altrömischen Bürgergemeinde I 22
Staatsämter, Unfähigkeitserklärung zu solchen aus der Zeit der leges judic. publ. I 26
Im Uebrigen s. Ehrenstrafen.
Staatsbürgerliche Rechtsausübung betr. Verbrechen s. unter Ausübung ꝛc.
Staatseigenthums-Beschädigung nach Röm. Recht . I 29
Staatseinrichtungen - Verleumdung. . . . . . . III 173
Staatsgelderunterschlagung nach Röm. Recht . . . I 29
Staatsgewalt im altrömischen Strafrecht . . . . . I 22
Staatshoheit als Gegenstand des Verbrechens . . II 117
Staatsverfassung als Gegenstand des Verbrechens . II 117
Staatswissenschaften und ihre Beziehungen zum Strafrecht . . . . . . I 13
Städtisches Strafrecht im Mittelalter . . . . . II 450
Stadtrechte (German. Recht) I 58 u. II 450
Stahl . . . . I 293
Stammesrechte b. Germanen, Untergang u. Ersatz derselben durch Ortsrechte . I 57
Im Uebrigen s. Volksrechte.
Standesstrafrecht, Canon. R. I 40 43 u. 44
Germanisches Recht in d. lehnsrechtlichen Periode I 58
Römisches Recht, Zeit der Kaiser . . . . . . I 34
Byzantinische Periode I 86
Statistik und ihre Bedeutung für Strafrecht . . . I 13
Steigerung bestehender Nothstände . . . . . . III 906ff
Epidemien . . . . . III 907
Lieferungen in Krieg und Noth . . . . . . III 909
Viehseuchen . . . . . III 908

Band. Seite.

Steigerung d. Verantwortlichkeit für Fahrlässigkeit auf Grund des Amtes, Berufes und Gewerbes . . . . III 471
Stellionat s. crimen etc.
Stellung der Kirche zum Staat als Bedingung d. Entwicklung des canon. Strafr. I 40
Stellung des Strafrechts . I 9
Stellung unter Polizeiaufsicht II 497
Stempeldefraudation . . . II 121 u. III 809
Stempel- u. Markenfälschg. (§ 275 RStrGB) . . . III 809
Steuerdefraudation . . . II 121 u. 173
Störung des Gottesdienstes Römisches Recht . . . I 36
Im Uebrigen s. Kirchenfrieden ꝛc.
Strafänderungsgründe, theils Strafmilderungs- theils Strafschärfungsgründe . II 551
Strafandrohungen im Allgemeinen (vergl. Strafe, Strafmittel).
Absolut bestimmte Strafandrohungen verwerflich II 548
Absolut darf die Strafandrohung sein bezüglich der Strafart . . . II 549 u. 550
Alternative . . . . . II 437
Bloß relativ z. bestimmen ist die Strafandrohung bezüglich d. Strafmaßes II 550
Forderungen u. Gesichtspunkte bei Normirung des Strafmaßes . . II 571ff.
Im Römischen Recht . I 88 u. 39
Relativ bestimmt kann die Strafandrohung bezüglich der Strafart sein II 550
Völlig unbest. Strafandrohungen verwerflich . II 548
Strafanstalten (vergl. Strafmittel) . . . . . . I 73 u. 82
Disciplinargewalt daselbst I 5 u. II 539
Strafantrags-Verjährung . II 628
Strafanwendung durch den Richter . . . . . . II 547ff.
„Mildernde Umstände" . II 552
Strafänderungsgründe, theils Strafschärfungs- theils Strafmilderungsgr. II 551

Band. Seite.

Strafausmessungsgründe
(Strafzumessungsgründe)   II   550
     u. 556ff.
Strafmilderungsgründe   II   551ff.
Strafmilderungssysteme .   II   552
Strafschärfungsgründe .   II   551
Zusammenfluß   II   573ff.
Strafarbeit   II   436
     (Vgl. Arbeitszwang).
Strafarten s. unter Straf-
mittel.
Strafausmessungsgründe .   II   550
     u. 556ff.
Strafausschließungsgründe
(vgl. auch Irrthum ꝛc.)
Bei Anstiftung   II   374
Irrthum   II   203
Rechtsunkunde, deßfallsige
Aufgabe der Gesetzgebung   II   212
Strafbare Aufforderungen.   III   96ff.
Strafbarkeit der Fahrlässig-
keit, Grund im Mangel
der Aufmerksamkeit . .   II   182
     u. 183
Strafbarkeit des Versuchs,
Anfangspunkt   II   277
Strafbestimmungen im All-
gemeinen.
Charct. Zustand in Deutsch-
land Ende 15. Jahrb. .   I   67
Strafe (vergl. Strafmittel,
Strafzwecke).
Im Canon. Recht . . .   I   41
     u. II 441
Im Germanischen Recht .   I   60
     61 u. 62.   II   446
Im Mosaischen Recht . .   I   18
     u. 19
Im Römischen Recht . .   I   23
     38 u. 39.   II   438
Modernes und bezie-
hungsweise Reichs-
strafrecht.
Absolut bestimmte Straf-
androhungen verwerfl. .   II   548
Absoluter Inh. d. Strafe   I   321
Außerordentliches Straf-
maß   II   551
Begriff der Strafe:
Dialekt. Nothwendigkeit   I   287
Göttliches Gebot . .   I   293
Nothwendige Vergeltg.   I   281
Spiegel der Seele und
Grabmesser d. Gesittung
des Volks   II   431
Ehrenstrafen.
Im Röm. Recht. . .   II   440
     u. 441

Band. Seite.

Im späteren German.
Recht   I   60
Modernes, Reichsstraf-
recht   II   560ff.
Verhältniß zur Mora-
lischen Ehre   II   508
Eintheilung d. Strafen   II   464
Forderungen u. Ge-
sichtspunkte in Be-
treff der Normirung des
Strafmaßes . . .   II   571ff.
Formen der Strafe . .   II   434
     u. 435
Im Uebrigen s. unter
Strafmittel.
Gesittende Macht der
äußerlich vergeltenden
Strafe   I   23
Keine Sühne der gött-
lichen Ordnung . .   I   92
Medien der Persönlich-
keit, an welchen gestraft
wird   II   435
„Mildernde Umstände"   II   552
Ordentliches Strafmaß   II   551
Rechtsgrund d. bürgerl.
Strafe   I   333
Rechtsstrafe u. ihre noth-
wendigen Zwecke . .   I   328
Relativ bestimmteStraf-
bandlungen nöthig .   II   549
Relativ bestimmte
Strafges. u. zwar
(relativ) in Bezug auf
die
Individualität d.
Verbrechen . . .   II   549
     u. 550
Individualität d. Ver-
brechers   II   553ff.
Relativer Inh. d. Strafe   I   325
Straffolgen siehe unter
Ehrenstrafen.
Strafmilderungssysteme   II   552
System bloß relativ be-
stimmter Strafandroh.   II   549
Systeme der Strafmil-
derung   II   552
Unvollkommene Erschei-
nungsformen der bür-
gerlichen Strafe . .   I   337
Völlig unbestim. Straf-
androhungen verwerfl.   II   548
Wesen der Strafe . .   II   431
     432 u. 434
Wegfall der Strafe .   II   587ff.
Zwecke der Strafe s.
unter Strafzweck.

	Band	Seite
Strafenschärfungen	II	509ff.
Strafensystem.		
C. C. C.	I	71
		u. 72
Canon. Recht	I	43
		46 u. 49
Röm. Recht	I	38
Vergl. Strafmittel.		
Straffolgen.		
Röm. Recht	I	34
Im Uebrigen f. Ehren-		
strafen.		
Strafgelder für den König-		
lichen Schatz im späteren		
germanischen Recht	I	56
Strafgesetz f. unter Wirkungs-		
kreis d. Strafgesetz. u. dgl.		
Strafgesetz der Niederlande		
unter Philipp II. v. 1570	I	70
Strafgesetzbücher, Systematik	II	102
Strafgesetzgebung, Strafge-		
setzgebungslehre	I	7
	8, 9, 11 u. 16
Grundlage	I	82
Pflicht einzugreifen statt		
sich auf den Gerichtsge-		
brauch zu verlassen	I	82
Strafgewalt der Kirche	I	44
Strafknechtschaft nach germ.		
Recht der späteren Zeit	I	56
Strafknechtschaft nach Röm.		
Recht	II	439
Strafmaß erweitert	I	89
Strafmaß, Forderungen und		
Gesichtspunkte bei Nor-		
mirung desselben	II	571ff.
Strafmilderung		
Im röm. Recht giebt gerade		
die „analoge" u. dgl. Rechts-		
anwendung in der Kaiser-		
zeit Anlaß zur ersten Ent-		
wicklung der Grundsätze	I	35
Seit der C. C. C. vom Ge-		
richtsgebrauch sich das		
Recht hiezu zugeschrieben	I	73
Strafmilderungsgründe	II	551ff.
Allgemeine	II	552
		u. 563ff.
Strafmilderungs-R., Außer-		
ordentliches	II	560ff.
Strafmilderungssysteme	II	552ff.
Im Reichsstrafgesetzbuch:		
allgem. Milderungs-		
grund der Jugend, be-		
sondere Milderungs-		
gründe (Provokation bei		
Körperverletzg. u. Todt-		
schlag)	II	551
„Milder u. Umstand."	II	552
Strafmittel (vgl. Strafe,		
Strafzwecke)		
Im canon. Recht	I	46
		u. II 441
In der Carolina	II	453
Im german. Recht	I	60
	61, 62 u. 67. II	446
Einzelnes f. unter Ger-		
man. Strafrecht.		
Im mosaischen Recht	I	18
		u. 33
Im Neueren deutsch. Recht	I	82
		u. II 454ff.
Im röm. Recht	I	24
	u. 38. II	439
Reichsstrafrecht		
Antiökonom. Strafmittel	II	436
Alternative Strafandroh.	II	437
Arbeitszwang bei d. Frei-		
heitsstrafe	II	486ff.
Arten der Strafmittel	II	435
		436 u. 437
Begriff, Abscheidung von		
Verwandtem	II	434
Bedingte Entlassg.		
aus der Strafhaft	II	484
Competenz der Landesge-		
setzgebgen. gegenüber der		
Reichsgesetzgeb. in Bezug		
auf Strafmittel	II	14
		u. 15
Deportation	II	494
Disciplinarstrafen	II	533ff.
Ehrenstrafen	II	500
Eigenschaften der Straf-		
mittel	II	437
Einzelhaft	II	435
	478, 482ff., 492ff. u.	501
Festungshaft	II	478
		u. 483
Freiheitsstrafen	II	476ff.
Gefängnißsysteme	II	492ff.
Geldstrafe	II	519
Hauptstrafen	II	436
		u. 437
Hausstrafen	II	533ff.
Leibesstrafen	II	523ff.
Militärstrafen	II	542
Nebenstrafen	II	437
Parlamentar. Strafen	II	540
Polizeistrafen	II	528ff.
Relative Strafbestimm.	II	437
Schärfungen d. Strafen	II	509
Schulstrafen	II	533ff.
Stellung unter Po-		
lizeiaufsicht	II	497

	Band.	Seite.
Straf-Arbeit	II	436
		u. 486ff.
Straffolgen s. Ehren-		
strafen.		
Surrogat-Freiheitsstrafe		
für Gebildete	II	483
Todesstrafe	II	467ff.
Im Uebr. s. unter die-		
sem Worte.		
Umwandlung der Geld-		
strafe in Gefängniß .	II	491
Vermögensstrafen .	II	512ff.
Verweisung	II	497ff.
Zucht durch Arbeit bei		
der Freiheitsstrafe . .	II	487
Zuchthausstrafe . .	III	478
		u. 504
Zwang zur Arbeit . .	II	486ff.
Zweck s. Strafzweck.		
Strafprozeß	I	3
Altröm. Recht . . .	I	25
Behandlungsart	I	3
		u. 4
Bestrafung von Geistlichen		
nach Justinianäisch. Recht	I	38[1]
Beweisfragen	I	16
C. C. C.	I	69
		u. 72
Canonisches Recht . . .	I	42
		45 u. 48
Rücksicht der Kirche auf		
Heidenthum	I	42
Civilrechtspflege, Verschie-		
denheit v. Strafrechtspflege	II	561
Criminalpolitische Bestre-		
bungen der Neueren Zeit	I	82
Deutscher Strafprozeß seit		
C. C. C.	I	71
Einfluß des röm. Rechts		
auf das german. Recht .	I	65
		u. 66
Ende 15. Jahrh. Verwir-		
rung	I	67
German. u. mittelalterliches		
Recht	I	54
	II	450 u. 452
Kirchl. Gerichtsverfassung	I	44
„Mildernde Umstände" .	II	552
Nachmosaisches Recht . .	I	20
Richterliche Feststellung d.		
Strafe	II	547
Römisches Recht zur Zeit der		
quaestiones perpetuae . .	I	26
		u. 31
nach Untergang d. Republ.	I	30
		31 u. 32
Späteres german. Recht .	I	61
		u. 63
Verjährung	II	621
Verurtheilung Unschuldiger,		
Klagen darüber . . .	I	67
Strafprozeßgesetz v. Franz I.		
aus dem Jahre 1539 .	I	70
Strafrecht.		
Begränzung	I	4
Begriff	I	1
		u. 4
Begründung d. Strafrechts	I	321
Canon. Strafrecht . . .	I	39
C. C. C., ihr Verhältniß zum		
röm. u. d. german. Rechten	I	70
Charakter	I	10
Conventionalstrafrecht . .	I	4
Criminalpolitische Schule		
der neueren Zeit . . .	I	82
Deutsches RStrGB. . . .	I	127
Encyclopädische Stellung .	I	9
Formales Strafrecht . .	I	3
Fortbildungsorgan im röm.		
Recht	I	33
Friedrich d. Große . .	I	92
Geist der Milde seit C.C.C.	I	78
Geistl. u. weltl. Strafrecht	I	40
		u. 43
Gemein. deutsch. Strafrecht	I	67
German. Strafrecht . .	I	51
Inhalt	I	4
Kirche, ihr Verhältniß zum		
Strafrecht	I	40
		41, 42 u. 43
Laienstrafrecht	I	40
Materielles Strafrecht . .	I	3
Mosaisches Strafrecht . .	I	17
Nationale Natur d. Strafr.	I	7
„Natürliches" Strafrecht .	I	7
Oberster Satz d. Strafrechts	I	4
Oeffentlich-rechtliche Natur		
desselben	I	9
Positive Natur desselben .	I	7
Princip des Strafrechts .	I	321
		u. 329
Private Natur des german.		
Strafrechts	I	54
Quellen	I	7
Röm. Strafrecht	I	21
		u. 27
Standesstrafrecht . . .	I	34
		36, 40, 43, 44 u. 58
Stellung des Strafrechts .	I	9
Systematische Behandlung,		
Anfang	I	80
		u. 81
Theorie des 19. Jahrh. .	I	138
Theorien überhaupt . .	I	241
Ueberwuchern der Partiku-		

	Band.	Seite.
largefeßgebg. Ende 18. u. Anf. 19. Jahrh. ...	I	87 u. 88
Umfang deffelben ...	I	4
Zertrümmerung des Gemeinen deutfch. Strafrechts .	I	87 u. 88
Strafrechtsfyftem ...	I	22ff.
Strafrechtsfyfteme a.Schluffe des 15. Jahrh.	I	41
Strafrechtstheorien (vgl. Strafzwecke).		
Gemifchte Theorien .	I	303
Nothwendigkeitstheorien u. zwar Strafe als dialektifche Nothwendigkeit	I	287
„Göttliches Gebot" ..	I	293
Nothwendige Vergeltung	I	281
Rechtstheorien u. zwar Bürgerl. Gerechtigkeitstheorie	I	276
Vergütigungstheorie . .	I	274
Vertheidigungstheorie .	I	272
Vertragstheorie ...	I	270
Strafrechtstheorien im pofitiven Recht	I	316
Strafrechtswiffenschaft . .	I	10 11 u. 12
als Macht	I	11
Aufgabe	I	11
criminalpolitifche Aufgabe	I	12
criminalrechtliche (im eng. Sinne) Aufgabe ...	I	12
Hilfswiffenschaften ...	I	13 bis 16
Methoden der Unterfuchung und Darftellung ...	I	11
Sträfrechtszuftände Deutfchlands Ende des 15. Jahrh. der allertraurigften Art .	I	67
Straffchärfungen	II	509ff.
Strafftatiftik	I	14
Strafverjährung f. Verjähr.		
Strafzucht f. Zucht.		
Strafumeffungsgründe . .	II	550
Strafzwang (im Gegenfaß z. Entfchädigungszwang des Civilrechts)	II	432
Strafzwecke u. Strafzweck-Theorien. (Vgl. Strafe, Strafmittel)	I	92
328 u. 330.	II	435
Abfchreckung ...	I	37
38, 49, 92 u.		256
durch Strafandrohung .	I	257
Befferung	I	92 n. 263
Prävention	I	261

	Band.	Seite.
Warnung	I	260
Zufällige Strafzwecke . .	I	330
Sühne die Grundidee der Strafe nach altrömifchem Strafrecht	I	23
Sühnrecht im altröm. Strafrecht	I	22
Sulla, feine Gefetzgebung .	I	27
Sünde, Buße derfelben durch Reue	I	41 u. 42
Cafuiftik durch die Kirche	I	42
Sünde nach fpäterem german. Strafrechte	I	56
Surrogal-Freiheitsftrafe für Gebildete	II	483
Vgl. Feftungshaft, Strafmittel.		
Suspenfion vom Amte bei Geiftlichen (canon Recht) und zwar		
a beneficio		
ab officio		
ab ordine	I	46
	II	442
Symbolik der Strafen (fpäteres german. Recht) . .	I	60
Symbolifche Bußen, Symbolifche Compofition . .	I	61
	II	447
Synedrium (Sanhedrin) . .	I	20
Syftem blos relativ (nicht abfolut) beftimmter Strafandrohungen nöthig . .	II	549
Syftematifche Behandlung des gem. deutfch. Strafrechts, Anfang	I	80 u. 81
Talion		
Altröm. Recht	I	23
Canon. Recht	I	47
Mofaifches Recht ...	I	18 u. 19
Begränzg. b. Privatrache	I	19
Talmud, Milde im Strafwefen befonders Prozeß.	I	20
Wichtigkeit für Rechtsgefch.	I	20
Taubftummheit	II	164
— als allgem. Milderungsgrund.	II	565
Telegraphenbefchädigung .	III	897
Telegraphenmarkenfälfchung (§ 275 RStrGB.) . .	III	809
Torgiverfatio	I	32
Territoriale Natur der Strafgefetze (im Gegenfaß zur		

Band. Seite.

localen der Polizeiübertre-
tungen . . . . . . I 6
Territorialgesetzgebung seit
Mitte 17. Jahrh. . . . I 73
Im Uebrigen vergl. das
Wort „Uebersicht" ꝛc.
Territorialprinzip in Bezie-
hung auf den Wirkungs-
kreis des Strafgesetzes . II 31
That (vgl. Vorsatz), Formen II 118ff
Gegenstand . . . . . II 115
Im Verhältniß zur Theil-
nahme . . . . II 116
Psychologische Analyse . II 258
Thatbestand, Qualifikationen
verringert . . . . . I 89
Thäterschaft (vergl. Urheber-
schaft) . . . . II 101ff.
            u. II 335
Ausdruck im Vergleich zu
„Urheberschaft" . . . . II 335
Im Uebr s. Urheberschaft.
Thätlichkeit geg. gesetzgebende
Versammlungen und deren
Mitglieder s. Ausübung
staatsbürgerl. Rechte ꝛc.
Thätlichkeit gegen Regenten s.
Majestätsbeleidigung.
Thätlichkeiten das Wahl- und
Stimmrecht betr. s. Aus-
übung staatsbürgerlicher
Rechte ꝛc.
Thatsächliche Irrthümer (vgl.
Irrthum) . . . . . II 156
Theilnahme.
C. C. C., seit derselben . II 331
Im Canon. Recht . . . II 327
In d. deutsch. Wissenschaft
des 19. Jahrh. . . . . I 86
Im German. Recht . . . II 329
Im Röm. Recht . . . I 38
            u. II 325
Reichsstrafrecht . . . II 322ff
Als Arten der Theil-
nahme . . . . . . II 335
Ausgeschlossen aus der-
selben . . . . . . II 322
Ausgeschlossen insbeson-
dere Begünstigung . II 323
Versuch bei Theilnahme II 287
Wo kein Thäter, keine
Theilnahme . . . . II 116
Anstiftung . . . . . II 336ff.
Abweichung des Ange-
stifteten von d. Willen
des Anstifters . . . II 357
Agent» provocateur» II 349
Anstiftende Thätigkeit . II 339

Band. Seite.

Anstiftung unter dem
Schein des Gegentheils II 356
Art der Absicht bei dem
Angestifteten, (Einfluß
für den Anstifter . . II 364
Benützung u. Erregung
eines Irrthums . . II 341
unter Umständen dem
Urheber gleich . . II 341
Drohung (unt. Umstän-
den dem Urheber gleich) II 342
Error in objecto . . II 360
Excessus mandati . . II 353
Irrthum im Gegen-
stand des Verbrechens II 360
Mitanstiftung . . . II 376
Mittel der Anstif-
tung . . . . . . II 350ff.
Auftrag . . . . . II 352
Bitte . . . . . . II 356
Geschenke, Versprechen II 354
Gewalt (vgl Drohung) II 355
Rath : . . . . . II 353
Ueberredung . . . . II 355
„Nothwendige" Theil-
nahme . . . . . II 323
Persönliche Verhältnisse
d. Angestifteten, welche
in Beziehung zu dem
Verbrechen stehen . . II 365
— welche nicht in sol-
chem Verhältnisse stehen II 365
Persönliche Verhältnisse
des Anstifters . . . II 366
Physischer Zwang (Ur-
heber) . . . . . . II 342
Rücktritt d. Angestifteten II 371
Rücktritt des Anstifters II 372
Scheinbare Anstiftung
(culposer Erfolg) . . II 340
Selbstmord, Theil-
nahme daran . . . III 412
        u. 418. II 340, 364 Ziff. 2
Strafausschließungs-
gründe bei der Anstif-
tung . . . . . . II 374
Strafwürdigkeit des An-
stifters . . . . . II 368
Thäterschaft . . . II 335
Ueberschreitung des Auf-
trags . . . . . . II 357
Versuchte Anstif-
tung strafloс . . II 344
Drei Fälle:
der zu Verleitende
schon entschlossen (un-
ter Umständen Ge-
hülfe).

Band. Seite.

erfolglose, Anstiftung
mißlungene Anstiftg. II 345
Neuere deutsche Gesetze
über versuchte Anstif-
tung . . . . . II 345
Zurechnungsausschlie-
ßungsgründe bei dem
Angestifteten, (unter
Umständen der Anstif-
ter gleich dem Urheber) II 362
Vergl. übrigens auch
sogleich unt. Zurech-
nungsunfähigkeit ꝛc.
Zurechnungsunfähigk.
Zurechnung u n fähigk.
des Angestifteten (dem
Urheber gleich) . . . II 342
u. 363
Zusammentreffen meh-
rerer Anstifter . . . II 376
Beihilfe . . . . . . II 337
u. II 379ff
Anstiftung zur Beihilfe II 388
Arten der Beihilfe . . II 384
Begriff des Gehilfen . II 379
Beihilfe zur Anstiftung II 388
Beihilfe zur Beihilfe . II 387
Einfluß der persönlichen
Verhältnisse d. Gehil-
fen und der übrigen am
Verbrechen Betheiligt. II 394ff.
Haftung der Gehilfen für
b. objectiven Straf-
erhöhungs- und Schär-
fungsgründe. . . . II 396
"Haupt-, Neben-"Gehil-
fen . . . . . . II 389
Keine Beihilfe ohne do-
lose Thäterschaft . . II 390
Keine culpose Beihilfe II 379
Keine Verantwortlichk.
für Erceß . . . . II 397
Mittelbare Beihilfe . II 387
Negative Beihilfe durch
Nichthinderung v. Ver-
brechen durch Nichtan-
zeige eines bevorstehen-
den Verbrechens . . II 120
u. 391ff.
Physische Beihilfe . . II 385
Psychische Beihilfe . II 385
Rücktritt des Gehilfen . II 400
Rücktritt des Thäters . II 400
Selbstmord, Theil-
nahme daran . . . II 417
u. 418
Strafandrohungsart f.
den Gehilfen . . . II 402
in neueren Gesetzen . II 404

Band. Seite.

im Reichsstraf-Gesetz-
Buch . . . . . . II 403
Thätigkeit des Gehilfen II 381
Unmittelbare Beihilfe . II 387
"Versuch der Beihilfe" II 289
u. 398
"Wesentliche, unwesent-
liche" Beihilfe . . . II 389
Theilweiser Ablauf der Ver-
jährungsfrist als Straf-
milderungsgrund . . . II 570
Theorie des Strafrechts im
19. Jahrh. . . . . I 138
139, 140, 141 u. 142
Theodosius' Codex . . . I 37
Theologie und Strafrecht . I 13
Theurungspolizei in Rom . I 29
Thomasius . . . . . I 80
83 u. 254
Thüringische Strafgesetzbüch. I 108
u. 109
Titel der Pandekten über Ver-
brechen . . . . . . I 27
Tobsucht . . . . . . II 239
Tod, Zeitraum bis zu Eintritt
desselben b. Tödtungsver-
brechen . . . . . III 420
Todschlag (vgl. Tödtung im
Allgem.) . . . . . III 433ff
an Ascendenten . . . III 442
auf Begehren d. Getödteten III 444
Unterschied von Beihilfe
zum Selbstmord . . III 445
Begriff d. Todtschlags über-
haupt . . . . . . III 433ff.
Bei Ausüb. ander Verbrech. III 440
Härter bestrafte Arten . . III 434
Milder bestrafte Arten . III 434
Provocation als mildernder
Umstand (§ 213) . . . III 435
Todesstrafe . . . . . II 467ff.
Als absolute Strafandroh.
verwerflich . . . . II 548
u. III 430
Bayern . . . . . II 457
Canon. Recht . . . . I 47
u. 49
Carolina . . . . . II 453
Code pénal . . . . . II 457
German. deutsch Recht . I 55
u. II 446, 458
Hannover . . . . . II 457
Kirche anfangs noch gegen
d. Todesstrafe als unchristl. I 47
u. 49. II 443
später für geschärfte To-
desstr. b. Ketzerei u. dgl. I 49
u. II 443

	Band.	Seite.
Lübeck	I	101
Mosaisches Recht	I	18
Nachmos. Recht (Außergebrauchsetzg. b. Todesstrafe)	I	20
Oldenburg	II	457
Preuß. Recht, Beschränkg. der Todesstrafe	I	91
u. 94.	II	460
Privilegium b. Honestiores in Rom	I	34
Reichsstrafgesetzbuch	I	130
n.	II	462
Reichstag zuerst geg. Beibehaltung	I	130
Römisches Recht der ältesten Zeit	I	24
u. 25.	II	439
der Imperatorenzeit	I	33
u. 36.	II	440
Sachsen	II	458
Sonnenfels in Wien spricht bereits 1764 öffentlich geg. sie	II	454
Streitpunkt im Reichstage bei Berathung des Reichs-StrGB.	I	130
Uebergang z. Freiheitsstrafe im altröm. StrR. durch das sacrale Element	I	23
Ueberhaupt	II	436
Verwerflichkeit	II	548
Todesstrafe-Vollzg, Todesstrafarten (Vgl. Hinrichtung).		
Canon. Recht	I	49
German. Recht	I	60²
u. 63¹.	II	451
Mosaisches Recht	I	18
Röm. Recht	I	33
u.		34
Todtschlagssühne	II	448
Tödtung, Tödtungsverbrechen im Allgemeinen	III	405ff.
(v. ärztlichen Standpunkte)	III	482ff.
Im Canon. Recht	I	47
Im German. Recht ältestes	III	407
u.		421²
Kundlichkeit der That Motive u. sittliche Färbung der That	III	408
Mittelalterliches	III	408
Peinl. Hals-GO.	III	408
	414, 416 u. 422	
Praxis der C. C. C. in den folgenden Jahrh.	III	409
u.		444
Schluß d. 18. Jahrh.	III	410
Im Röm. Recht altröm. Recht (XII Taf.)	I	24
u.	III	405ff.
späteres	I	29
u. 30.	III	406, 413, 414, 419, 421
Modernes R. Reichsstrafrecht	III	410ff.
Angriffe auf das Leben überhaupt, unter allen Titeln des RStrGB.	III	411
Besondere pers. Eigenschaften des Thäters	III	415
Causalität	III	419
Error in persona	III	414
Feind im Krieg	III	423
Grenze zwischen rechtmäßgen und strafbaren Tödtungen	III	425
Mißgeburten als Objekt der Verbrechen	III	413
Psychische Einwirkung	III	418
Rechtmäßige Tödtungen	III	421ff.
Scheintodte als Objekt der Verbrechen	III	414
Selbstmord	III	416
Schutz d. Lebens überhaupt im RStrGB.	III	412
Unterlassungshandlg.	III	413
Vorbereitende Handl.	III	421
Zeitraum bis zum Eintritt des Todes	III	420
u.		421
Tödtung des Verbrechers unmittelbar nach der That nach altgerman. Recht	I	55
Transportation (Engl. Recht) f. Deportation.		
Treue des Lehenrechtes u. ihr allg. Einfluß auf das spätere german. Recht	I	59
Trübung des Bewußtseins als allg. Strafmilderungsgrund	II	566
Trunkenheit	II	168
u.		263
— als allg. Strafmilderungsgrund	II	566
Türkei	I	222
Uebelbeleumdete im älteren deutschen Strafrechte	I	58
u.	II	450
Ueberlegung f. unter Mord.		
Ueberschreitung, Nichtverantwortlichkeit b. Gehilfen	II	397
Ueberschreitung der Amtsbefugnisse	II	124

Band. Seite.

Ueberschreitung des Auftrags bei Anstiftung ... II 357
Ueberschreitung d. Nothwehr II 146
u. 569
Ueberschwemm.-Verursachg. III 889
Uebersicht d. Entwicklung der deutschen Particu-largesetzgebungen seit Ende 18. Jahrh. I 87
Absolutistischer Zug. ... I 87
Anlaß durch d. eingetretene Mißachtung der C. C. C. I 87
Code pénale I 88
Codifikationssucht ... I 87
Deutsche Bund verzichtet auf Thätigkeit, ausgenommen literarisches Eigenthum, Presse, Vereinsrecht .. I 88
Gruppen d. Gesetzgebungen I 128
u. 129
Hauptunterschiede der einzelnen Strafgesetzgebngn. I 89
Ohnmacht u. Zerrissenheit des Reiches, endliche Auflösung 1806 I 87
Uebertretungen I 5
u. 6. II 96
Allgem. gefährdender Natur I 6
u. III 869, 889
Uebervortheilung (§ 352 R.-StrGB.) s. unter Amtsverbrechen.
Umwandlung der Geldstrafe in Gefängnißstrafe ... II 491
Unbefugte Eingriffe in ein Amt III 178
Unbefugtes, Unberechtigtes Handeln vom RStrGB. statuirt bei Amtsanmaßung u. ähnl. Brieferöffnung, Fischfrevel, Geheimnißbruch, Jagdfrevel, Pfandmißbrauch, Siegellösung, Zeugnißertheilung II 211f.
Unbestimmte Absicht (vergl. dolus indeterminatus). Bei dem Versuch ... II 284
Unbestimmte Strafandrohungen verwerflich ... II 548
Unfähigkeits-Erklärung zu Staatsämtern aus der Zeit der leges judic. publ. . I 26
Im Uebrigen s. Ehrenstr.
Unfähigkeitserklärung zu Urkundszeugenschaft ... II 507

Band. Seite.

Unfähigkeitserklärung zu Zeugenschaft ...... II 507
Unfruchtbarmachung.
C. C. C. .... I 70
Unrecht........ I 5
u. II 432
"Unrecht (b. äußeren Scheine nach) geg.Unrecht!" (Nothwehr) .... II 138
Unrechtscharakter .... I 5
u. II 432
Unrechtsformen ..... I 5
u. II 432
Unschuldige verurtheilt siehe Verurtheilung 2c.
Unsühnbare Handlungen nach altrömischem Strafrecht . I 23
Untaugliches Mittel (vergl. Versuch) ...... II 290ff.
Untaugliches Object (vergl. Versuch) ...... II 300ff.
u. 360
Unterdrückung von Grenzmarken und Urkunden (§ 274 RStrGB.) .. III 806
Unterlassung der Anwendung berechtigter Gewalt .. II 123
Unterlassene Anzeige bevorstehender Verbrechen .. III 197
Unterlassung der Quellenangabe beim Nachdruck .. III 1011
Unterlassungs-, Begehungsverbrechen ..... II 120
S. im Uebrigen Omissivdelikte.
Unterlassungshandlungen bei den Tödtungsverbrechen . III 418
Untersagung der Ausübung gewisser Gewerbe oder Beschäftigungen . ... II 513
Unterscheidungsfähigt., Mangelhaftigkeit in derselben nach Seite der Moral und des Rechts als allgemein. Milderungsgrund ... II 564
Unterschlagung ..... III 689ff.
In der C. C. C.... ... III 690
Im Röm. Recht ... III 690
Im Strafgesetzbuch d. deutschen Reichs .. III 690ff
Aus den Verhandlungen Reichstags 2c. .... III 691
Besitz der Sache ... III 695
Bewußtsein der Rechtswidrigkeit .... III 705
Gegenstand d. Unterschlagung ... III 692

Band. Seite.

Privileg. Unterschlagung (§ 247 RStrGB.) . . III 709
Rechtswidrigkeit der Zueignung . . . . III 701
Theilnahme, unterschieden von Hehlerei . . . . III 708
Versuch und Vollendung III 708
Zueignung . . . . . III 698
Untersuchungsgefangene, Disciplinarstrafen . . . . II 539
Untreue . . . . III 781ff.
Unvermitteltes Nebeneinanderbestehen von Privatbuße, Oeffentliche Strafe, Verbannung und Acht im späteren deutschen Mittelalter II 450
Unvollkommene Entwicklg. der Geisteskräfte als allgemein. Strafmilderungsgrund . . . . . . II 565
Unvollkommene Erscheinungsform der bürgerl. Strafe I 337
Unwahre Entschuldigung v. Geschworenen, Sachverständigen, Schöffen und Zeugen . . . . . . III 196
Unwesentliche Irrthümer bei Verbrechen, wo Wissen um Thatsachen (vergl. unter dies. Wort) zu deren Begriff gehört . . . . II 203
Unzucht . . . . . . III 302ff.
Unzüchtige Handlungen . . III 302ff.
Unzurechnungsfähigkeit . . II 158
Urheberrecht . . . . . III 1030
Urheberschaft
in der C. C. C. . . . . I 70
Reichsstrafrecht . . . II 101ff.
u. II 335ff.
Ausdruck (oder „Thäterschaft") . . . . . II 335
Urkundenbeiseiteschaffung . . III 182
Urkundenfälschung . . . III 784ff.
In und seit der C. C. C. I 72
u. III 786
Im Röm. Recht . . . . I 29
u. III 786
Im Strafgesetzbuch d. deutschen Reiches; zu dessen Geschichte . . . III 788
Ausfüllung der Urkunde eines Dritten . . . III 801
Fälschliche Herstellung d. Urkunde . . . . . III 792ff.
Fortsetzung . . . . III 798
Gebrauch des Falsifikats III 796 u. 802
Gehilfe . . . . . . III 798

Band. Seite

Schwerere Form . III 799
Unterdrückung . . . . III 806
Urkunden, Oeffentl. und Privat . . . . . III 788ff.
Verfälschung v. Urkunden III 792ff.
Vollendung . . . . . III 798
Urtheilsveröffentl. weg. Ehrverletzung u. Verleumdung auf Kosten des Verurth. II 503
Verantwortlichkeit des Unternehmers für seine Arbeiter und Bedienstete . III 470
Verantwortung, rechtliche der menschlichen Person . . I 15
Verbannung (german. Recht) I 55 u. 55b. II 439, 450
Verbannung aus dem geistl. Gerichtssprengel (canon R.) I 47
Verbindungstheorien . . . I 303
Im Uebr. s. unter Gemischte Theorien.
Verbotene Verbindgen, Vergehen gegen Vereinsrecht III 165
Verbrechen (vgl. Begriff des Verbrechens).
Abscheidung von Polizeiübertretungen . . . . I 5
Begriff . . . . . . I 4
u. II 87ff.
Begriffsbestimmung in Gesetzgebung u. Wissenschaft II 89
Canon. Recht: Auffassung der Kirche . . . . I 41
Eintheilung . . . . I 44
Eintheilungen . . . II 98ff.
German. Recht . . . I 53
u. 59
Oeffentlich rechtliche Natur, Einfluß des röm. Rechts auf das german. Recht blos bezüglich . . . . I 65
in der C. C. C. . . . I 70
Röm. Recht: Grundformen zur Zeit der judic. publ. I 26
Versuchsbegriff bei Verbrechen überhaupt . . . . II 285
Verbrechen gegen die Güter der Gesammtheit an sich vom Belieben des Einzelnen unabhängig (Vgl. Einwilligung des Verletzten), jedoch Ausnahmen . II 131
Verbrechen gegen die persönliche Freiheit . . . III 567ff.
Im älteren deutsch. Recht III 571 581, 588, 598 u. 611
Im canon. Recht . . . III 610

	Band.	Seite.
Im röm. Recht	III	569
	581, 588, 597 u. 609	
Modernes R., Reichs-		
strafrecht		
Bedrohung . . .	III	582
Entführung . . .	III	614
Gefangenhaltung .	III	590
Kinderraub . . .	III	603
Menschenraub . . .	III	600
Nöthigung	III	573
Verbrechen, geschieden nach dem Motive und der Gesinnung in ehrenhafte u. nicht ehrenhafte (späteres german. Recht) . . .	I	60
	u. 64	
Verbrechen u. Vergehen der Advokaten, Anwälte, Beamten, Geistlichen, Notare, Religionsdiener u. Rechtsbeistände s. unter Amtsverbrechen.		
Verbrechen und Vergehen in Bezug auf den Personenstand	III	277
wider die Sittlichkeit .	III	289
Verbrechen, welche m. öffentlicher Strafe bedroht sind, in ihrem Verhältniß zu d. Privatdelikten (Späteres German. Recht) .	I	60
Vgl. unt. Oeffentl. Strafe zc.		
Verbrechen, Vergehen und Uebertretungen . . .	II	98
	u. 437	
Verbrechenstitel in den Pandekten	I	27
Verbrecherische Handlungen		
Classifikation nach Röm. Recht z. Zeit d. judic. publ.	I	26
Classifikation nach Ehrenhaftigkeit oder Ehrlosigkeit der Gesinnung im späteren german. Recht	I	60
Verbrecherische That, Verbrecherischer Thatbestand s. That, Thatbestand.		
Verbrecherischer Wille . .	II	149ff.
Bewußtsein	II	153
Falsche Voraussetzungen	II	156
Rechtsbewußtsein . . .	II	154
Rechtsirrthum	II	155
Thatsächliche Irrthümer	II	156
Verbrecher. Wille . .	II	176ff.
Wille	II	151ff.
	u. II	432
Menschl. Willensfreiheit	II	152
Willensschuld	II	176
	Band.	Seite.
Verbrecherkolonien . . .	II	496
Verbreitung unzüchtiger Schriften	III	324
Vereinsrecht	I	88
Vergehen geg. dasselbe (verbotene Verbindungen) .	III	165
Verfassungsmäßige Vereinbarung der Gedanken des Gesetzes	II	68
	69 u. 70	
Verfehmung des Römischen Strafrechts	I	26
Verfluchung.		
Altrömisches Strafrecht .	I	23
Mosaisches Recht . .	I	18
	u. 19	
(auf kinderlosen Tod . .	I	19)
Verfolgung von Amtswegen	I	10
Verführung	III	314
Vergehen an Amtssiegeln, öffentl. Bekanntmachngn. und Hoheitszeichen . .	III	186
Vergehen bezüglich des Militärdienstes	III	201
Vergehen geg. Getreidezufuhr und Theuerungspolizei in Rom	I	29
Vergehen gegen Vereinsrecht, verbotene Verbindungen	III	165
Vergeltung, äußere im mosaischen Recht	I	18
Vergeltungsstrafen des can. Rechts	I	47
Vergeltungstheorie	I	231
Vergiftung, geschichtliche Entwicklung	III	557
Im Uebrigen s. bei Giftmord, Körperverletzung.		
Vergiftung etc. v Brunnen und Lebensmitteln . . .	III	904
Vergleich des Canonischen u. Römischen Strafrechts .	I	43
Vergütungs-Theorie . . .	I	274
Verhältniß von Reichsstrafrecht und Landesstrafrecht unter einander siehe unter Reichsstrafrecht zc.		
Verjährung. Im gemeindeutschen Recht	II	598
Im German. Recht . .	II	597
Im Röm. Recht . .	II	595
Neues Recht, Reichsstrafgesetzbuch . .	II	601ff.
Anwendung d. milderen Gesetzes	II	28
Begnadigung	II	629ff.
Rechtlicher Charakter der Strafverjährung . .	II	601

	Band.	Seite.
Rechtsgrund der Straf-verjährung	II	602ff.
Strafantragsverjährung	II	628
Theilweiser Ablauf als Strafmilderungsgrund	II	570
Unterbrechung der Ver-jährung	II	619ff.
Voraussetzngn. b. Straf-verjährung	II	612ff.
Wirkung der Verjährg.	II	625
Verjährung d. Strafantrags	II	628
Verkürzung der Gläubiger bei d. Zwangsvollstreckung	III	834
Verleitung z. Auswanderung	III	210
Verleitung zum Meineid . .	III	240
Verletzung des Briefgeheim-nisses	III	843
Verletzung der Grabstätten nach Röm. Recht . . .	I	36
Verletzung v. Privatgeheim-nissen	III	844
	u III	961
Verleumdung	III	852
Bekanntmachung des Ur-theils auf Kosten des Ver-urtheilten	II	503
Im Uebrigen s. unter Be-leidigung.		
Verleumdung von obrigkeit-lichen Anordnungen und Staatseinrichtungen . .	III	173
Aus dem preuß. Straf-Gesetz-Buch § 131 . .	III	173
Auslegung	III	174
Entstehungsgeschichte .	III	175
	u.	176
Verlust der bürgerl. Ehren-rechte	II	504
Verminderte Zurechnungs-fähigkeit	II	158
	u.	567
Vermögen als Gegenstand des Verbrechens	II	121
Vermögensbeschädigung, be-trügerische u. hinterlistige im Röm. Recht	I	31
Vermögensconfiscation (vgl. Confiscation).		
Dem Mos. Recht fremd .	I	19
Im Röm. Recht	I	26
	u.	34
Einschränkung unter den christl. Kaisern . . . ·	I	36
Modernes Recht. . .	I	64
	u. II	439, 512
Vermögensstrafen	II	512ff.
Im Germanischen Recht, spätere Zeit	II	513

	Band.	Seite.
Im Mosaischen Recht .	I	19
In der Peinlichen Hals-Gerichts-Ordnung . .	II	513
Im Röm. Recht . . .	I	26
34 u. 36.	II	512
Modernes, Reichs-strafr. (Vgl. Nachdr.)		
Confiscation . . .	I	64
	u. II	439, 512
Confiscation einzelner Gegenstände . . .	II	514
Confiscation v. Druck-schriften	II	515ff.
wegen Nachdrucks	II	517
Geldstrafen . . .	II	519ff.
Untersag. d. Ausübung gewisser Gewerbe oder Beschäftigungen . .	II	518
Vermögens-Confiscat.	I	64
	u. II	439, 512
Vernichtg. einz. Stel-len in Druckschriften	II	515ff.
Vernichtung des Verbrechers ausnahmsweise Rechtsfolge nach germ. Volksrechte .	I	54
Vernichtung bei Drucksachen (Vgl. Nachdruck) . . .	II	515ff.
Verrath (vergl. Hochverrath, Landesverrath), German. Recht	I	57
Römisches Recht (XII Taf.)	I	24
Verrücktheit	II	251
Verschuldung (vgl. Zurechng., Schuld)	I	16
Ausbildung der Theorie im Mosaischen Recht . . .	I	19
Versicherung an Eidesstatt	III	238
Verstandesschwäche als allg. Strafmilderungsgrund .	II	565
Verstärkung d. Privatrechts-schutzes (vgl. Antragsdel.)	I	9
	u.	10
Verstorbener Andenken Be-leidigung	III	273
	u.	357
Verstrickter Sachen Bei-seiteschaffung . . .	III	189
Verstrickung	II	439
	u.	497
Verstümmelnde Strafen (vgl. Leibesstrafen).		
German. Recht	I	56
	60¹, 63, 64 u.	451
Mosaisches Recht. . . .	I	19
Preußisches ALR. verzichtet.	I	94
Versuch im Allgemeinen . .	II	121
C. C. C.	I	70
	u. II 274,	281

Band. Seite.

Einfluß d. Röm. Rechts auf
das spätere German. Recht I 65
u. II 278
In Bayern . . . . . II 275
In deutschen Gesetzbüchern II 276
Im französischen Gesetzbuch II 274
Im German. Recht . . I 53
u. II 273, 280
In der Glosse . . . . II 280
In Preußen . . . . . II 275
Im Röm. Recht . . . I 38
u. II 271, 280
In der Wissenschaft im 19.
Jahrhundert . . . . I 86
Modernes R., Reichs-
strafrecht . . . . . III 270ff.
Absicht . . . . . . II 284
Abstand vom Versuche . II 303ff.
Anfangspunkt des straf-
baren Versuchs . . . II 277
Anstiftung, Versuch . . II 287
u. II 344ff.
Anwendbark. b. Versuchs-
begriffs auf alle Ver-
brechen . . . . . . II 285
Beendigter Versuch . . II 281
Begünstigung, Versuch . II 289
Beihilfe, Versuch . . . II 289
Commissiv- und Omissiv-
delikte, Versuch . . . II 286
Complott, Versuch . . II 288
Dolus generalis . . . II 313ff.
Eintheilung . . . . . II 281
u. 283
Formelle Verbrech., Ver-
such unanwendbar . . II 286
Freiwilliges Abstehen . II 303ff.
Gehilfen, Versuch . . II 289
Grenzlinie zwischen An-
fang und Vorbereitung II 278
Kein fahrlässiger Versuch
und keine versuchte Fahr-
lässigkeit! . . . . . II 284
Selbstmordversuch . . III 417
Strafbarkeit des Versuchs II 271
u. 276
Theilnahme, Versuch . II 287
Untaugliche Mittel . . II 290ff.
Untaugliches Objekt . . II 300ff.
Vorbereitungshandlungn. II 277
Zurechnung d. „Erfolgs" II 309ff.
Zusammentreffen v. Ver-
such und Vollendung . II 316
Versündigung an sich selbst . II 116
Vertheidigungstheorie . . . I 272
Vertragstheorie . . . . . I 270
Verurtheilung Unschuldiger . I 83

Band. Seite.

Verwaltungsordnung, Straf-
gesetzgebnng diesbezüglich
unter den Byzantinern . I 35
u. 36
Verwaltungsrecht,
ein Bestandtheil desselben
das Polizeibußrecht . . I 6
Verwaltungszerfall im Röm.
Reich . . . . I 35
Verwandte Zustände zu den
Geisteskrankheiten . . . II 263
Verweigerung des kirchlichen
Begräbnisses . . . I 47
u. II 444
Verweis, gerichtlicher . . . II 503
Verweisung im röm. Rechte
in verschied. Abstufungen I 33
u. 33*
Verweisungen von Inländern
im heutigen Rechte, poli-
zeiliche Verwaltungsmaßr. II 497
u. 499
Verzicht auf prozessuale Fest-
stellung der Schuld aus-
geschlossen . . . . . I 9
Diebseuchen, Maßregelnver-
letzung . . . . . . III 868
906 u. 908
Vis als Grundform . . . I 26
Vis privata, — publica . . I 28
Vogelfreiheit . . . . . II 126
u. 126¹. III 424
Völkerpsychologie, Bedeutg.
für Strafrecht . . . . I 14
Volksgemeinde, Bedeutung
im altröm. Strafrecht . I 22
Ersetzt durch die quaestiones
perpetuae . . . . . I 25
Volksrechte (Germanische)
Alter . . . . I 53
Einfluß des Röm. Reichs I 52
Fränkisches Stammesrecht . II 449
Inhalt . . . . I 54
u. 54²
Sächsisches Stammesrecht II 449
Untergang . . . . . I 57
Verschiedenheit derselben . I 52
u. II 449
Volksrechtspflege in Deutschl. I 58
Vollendung.
C. C. C. . . . . . . I 70
Einfluß des röm. Rechts
auf das german. Recht I 65
Im röm. Recht . . . . I 31
u. 38
Reichsstrafrecht . . . II 270
u. 271
Zusammentr. mit Versuch II 316

	Band.	Seite.
Voltaire	I	83
Voraussetzungen,physisch-natürliche der Schuld	I	16
Vorbereitungshandl. (Vgl. Versuch)	II	277
empfiehlt sich nicht eine Strafbestimmung geg. dieselben beim Morde?	III	421
Vorbeugende Maßregeln gegen Verbrechen	I	73
	82 u.	92
Vorsatz (vgl. Dolus)	II	183ff.
Absicht verschieden v. Vorsatz	II	196
Absicht als erschwerender Umstand	II	197
Ausschluß der Möglichkeit anders zu handeln	II	169
	u. III	178
Bedingter Vorsatz	II	184
Begriff und Wesen	II	184ff.
Behandlung in den Strafgesetzbüchern	II	190ff.
„Böswillige" Absicht	II	199
„Einfacher", Ueberlegter Vorsatz	II	194
Entsprechende Handl. aber nicht entsprech. Ergebniß	II	205
Erfolg unberechnet	II	205
Fahrlässigkeit	II	177
	u.	178
Grenzbestimmung zwischen Vorsatz u. Fahrlässigkeit	II	215ff.
„Guter Glaube"	II	212
Irrige Berechng. b. Erfolgs	II	205
Kenntniß bestehend. Gesetze u. ergänzender Vorschriften von solchen als thatsächliche Voraussetzg. v. Verbrechen	II	213f.
Rechtsbedenken	II	212
	u.	213
Rechtsbelehrung, Mangel Strafmilderungsgrund	II	214
Rechtsirrthum	II	195
	u.	212
Rechtswidrige Absicht	II	209
Rechtswidriger Vermögensvortheil	II	210
Rechtswidrige Zueignung	II	209
Rechtswidrigkeit	II	209
Ueberlegter Vorsatz	II	193
„Unbefugtes, Unberechtigtes Handeln"	II	211
Unterlassungen mit Vorsatz	II	195
Unzureichende Berechnung des Erfolges	II	205
Versuch	II	196
Vorsatz u. Fahrlässigkeit	II	177
	u.	178
Vorsatz verschieden v. Absicht	II	186
Werth, gleich dem vollen „dolus"	II	188
„Widerrechtlicher" Vorsatz	II	210
Wirkungserscheinungen der Handlung, außerhalb und innerhalb der Berechnung	II	204ff.
Wissen um Thatsachen	II	201ff.
Wortbezeichnung „Vorsatz" der von „Dolus" vorzuziehen	II	189
Zweck im Gegensatz zum bloßen Vorsatz (als Entschluß)	II	198ff.
Vorsätzlich oder unversätzlich Verschuldleistg. s. Begünstig.	II	88
Waffenrecht (German. Recht)	I	58
Waffentragen u. Römischem Rechte	I	30
Wahl zwischen civiler und criminaler Verfolgung in der Römischen Kaierzeit	I	35
Wahl zwischen Freiheits- u. Geldstrafe	II	522
Wahlbestechung s. Ausübung staatsbürgerl. Rechte 2c.		
Wahlfälschung ebenso.		
Wahnsinn	II	239
Waldeck	I	98
Waldgang s. Friedlosigkeit.		
Warnungstheorie	I	260
Wasserwegbeschädigung	III	900
Wechselseitige Beleidigungen	III	365
Wechselwirkung des German. und Röm. Strafrechts	I	65
Wedde s. Wette.		
Wegebeschädigung	III	900
Wegfall der Strafe	II	587ff.
Tod des Verurtheilten	II	589ff.
Unheilbarer Wahnsinn	II	593
Verjährung	II	594ff.
Das Nähere s. unter diesem Worte.		
Wegnahme eigener Sachen (§ 289 RStrGB.: Furtum usus)	III	836
Weisthümer	I	58
Weltliches Strafrecht im Gegensatz zu dem geistlichen	I	40
	u.	43
Weltliche Verbrechen (canon. Recht)	I	45
Wendepunkt 1848. Forderung der Rückkehr zu einer gemeinsamen deutschen Strafgesetzgebung	I	89

	Band.	Seite.
Wergeld	I	53
	u. 61. II	447
Wette (Wedde, Gewedde,) an Stelle des früheren Friedensgeldes	I	61
	u. II	447, 451
Widernatürliche Unzucht	III	313
Widerrechtlichkeit neben Vorsatz v. RStrGB. statuirt bei Freiheitsberaubung, Hausrechtsverletzung, Munitions-Unterschlagung	II	211
Widerruf bei fahrlässigem Meineid als Milderungsgrund	II	569
Widerstand gegen Beamte	III	115ff.
gegen Forst- und Jagdbeamte	III	137
Widerstand gegen d. Staatsgewalt	III	90ff.
Wilddiebstahl	I	91
Im Uebrigen s. u. Jagd.		
Wille	II	151
(Vergl. Verbrecher. Wille).		
Willensschuld (vgl. Schuld, Verschuldung)	II	176
Willkürliche Vermischung Canonischer, Germanischer u. Röm. Rechtsanschauungen	I	86
Wirkungskreis des Strafgesetzes	II	25
Anwendung d. Strafgesetze auf Verbrech., begangen: im Auslande vom Ausländer	II	39
		41, 43 u. 52
vom Inländer	II	33
		47 u. 49
im Inlande	II	31
Auslieferung	II	60
Bestrafung des Ausländers, nachdem er Inländer geworden	II	46
Beziehung auf Ausland und Ausländer	II	31 bis 64
Einfluß einer ausländischen Aburtheilung	II	53 u. 57
Rückwirkende Kraft, jedoch das mildere Gesetz anzuwenden	II	26 27, 28 u. 29
Uebertretungen	II	48
Wiederaufnahme der Untersuchung im Inlande	II	57
Wissen um Thatsachen bei Verbrechen, desselben gedacht im Reichs-Straf-Gesetz-Buch bei: Anstiftung, Beihilfe, Meineid, Verletzung von Absperrungsmaßregeln	II	201
ebenso, wenn auch in beschränkter Weise und zwar unter Beschränkung auf ein einzelnes wesentliches Moment bei: Doppel-Ehe, Landesverrath, Sachhehlerei, Täuschungsverbrechen, Verleumdung und Analogem	II	202
Wissen um Thatsachen im Verein mit rechtl. Momenten verlangt das M.-StrGB. bei den Amtsverbrechen	II	203
Wissenschaft nicht Strafrechtsquelle, sondern Vermittlr.	I	8
Wolff	I	80 u. 255
Wucher (vgl. Zinswucher) seit C. C. C.	I	72
Würtembergisches Strafgesetzbuch	I	112 113, 114, 317 u. 318
„Zahn um Zahn"	I	18
Im Uebrigen s. Talion.		
Zauberei im Canon. Recht	I	45 u. 49
Im Germ.-deutschen Recht	I	59 u. 72
Im Römischen Recht	I	36 u. III 557
Zeitraum zwischen der verbrecherlichen Tödtungshandlung und Eintritt des Todes	III	420
Zellenhaft, Zellenstrafe s. Einzelnhaft.		
Zerfall des alten deutschen Reichsrechts	I	53 u. III 449
Zeugen, unwahre Entschuldigung	III	196
Zinswucher (vergl. Wucher) (Canon. Recht)	I	45
Zolldefraudation	II	121
Zollstrafgesetz von 1838	I	95

4

	Band.	Seite.

Zucht siehe Censorische Zucht (Röm. Recht) .... II 439
Zucht, sendgerichtliche seitens der Kirche ..... I 40
Zucht durch Arbeit (vgl. Arbeitszwang) ..... II 487
Zucht- und Rügerecht .. II 88
Zuchthäuser, seit Ende 16. Jahrhunderts .... I 73
   u. II 454
Zuchthausstrafe..... II 478
   u. 504
Zuchtmittel (statt bloßer Straf-Mittel) ... I 82
Zuchtrecht....... II 88
Zuchtrecht der Eltern, Erzieher....... I 4
   u. 5
Zufällige Zwecke der Strafe I 330
Zurechnung (vergl. Verschuldung)....... I 15
   u. 16

    Im Römischen Recht unklare Grundlinien .. I 39
    Reichsstrafrecht.. II 111
    Abstufungen .... II 568
    Bei Versuch.. II 309ff.
    Formelle Zurechnung . II 568
    Geisteskrankheiten II 219ff.
    Materielle Zurechnung. II 569
Zurechnungsausschließungsgründe bei d. Angestifteten, (Einfluß für den Anstifter...... II 362
Zurechnungsfähigkeit (vgl. Vorsatz)...... II 157ff.
   Aberratio actus .... II 175
   Aberratio ictus .... II 175
   Begriff....... II 157
   Drohung ..... II 169ff.
   Error in objecto.... II 174
   Error in persona.... II 174
   Geisteskrankheit .... II 165f.
   Geminderte.... II 158
   Irrthum im Object... II 174
   Irrthum in Thatsachen . II 172ff.
   Jugend....... II 160
   Krankheit, Fieber ꝛc... II 167
   Schlaf....... II 167
   Taubstummheit .... II 164
   Trunkenheit ..... II 168
   Unzurechnungsfähigkeit.. II 158
   Verminderte.... II 158
   Zwang ..... II 169
Zurechnungsfähigkeit, geminderte oder verminderte f. unter Geminderte ꝛc.

	Band.	Seite.

Zurechnungsunfähigkeit b. Angestifteten, Einfluß für Anstifter .... II 342
   u. 363
Zurückbehaltung öffentlicher Gelder nach Röm. Recht I 29
Zurücknahme des Meineids als Milderungsgrund . II 569
Zusammenfluß.
    In der deutschen Wissenschaft des 19. Jahrh... I 86
    Neuestes Recht, Reichsstrafgesetzbuch ... II 573ff.
    Begriff...... II 574
    Fortgesetztes Verbrechen. II 575
    Ideale (einthätige, formale, gleichzeitige) Concurrenz...... II 579ff.
    Reale (materielle, mehrthätige, ungleichzeitige) Concurrenz .... II 579ff.
    Selbstmord betr.... III 418
    Strafanwendung ... II 573ff.
    Voraussetzungen des Zusammenflusses .... II 573ff.
Zusammenstoß von Schiffen zur See ..... III 210
Zustimmung des Verletzten . I 9
Zutrinken.
    seit C. C. C. .... I 72
Zwang ..... II 169
   Bei Anstiftung ... II 342
Zwangsvollstreckung, Verkürzung der Gläubiger .. III 834
Zweck (im Gegensatz zu dem bloßen Vorsatz: Entschluß) II 193
Im Reichsstrafgesetzbuch ist dessen gedacht in folgenden Fällen:
    Einführg. falscher Münzen,
    Entführung zu unsittl. Zwecken,
    Vorbereitung zu Münzverbrechen,
    Urkunden-Fälschung .. II 199
Im Reichsstrafgesetz buch thatsächl. ebenso in folg. weiteren Meaten:
    Bestechung,
    Entführung,
    Erpressung von Geständnissen,
    Futterentwendung,
    Hehlerei,
    Landesverrath,
    Münzfälschung,

II. Congruenzregister

zu

den Paragraphen des Reichsstrafgesetzbuchs

und

den Stellen des Buches.

Paragraphe des RStrGB.	Stelle des Buchs.	Bemerkungen.
Einleitende Bestimmungen.		
§ 1. Verbrechen, Vergehen, Uebertretung	II 98, 437.	
§ 2. ohne Gesetz keine Strafe . .	II 23, 63, 91.	
al. 2. Unter mehreren Gesetzen des mildern ·	al.2.II 26, 27, 28, 29.	Vgl. den Aufsatz über Analoge Gesetzesanwendung
§ 3. Auch Ausländer im Inlande	II 39, 41, 43, 52.	II 74ff., ferner „Reichs- u.
§ 4. u. 5. Im Auslande begangene Verbrechen und Vergehen .	} II 33, 47, 49.	Landesstrafrecht" II 3ff., endlich zu Al. 2 : II 28.
§ 6. desgl. Uebertretungen . . .		
§ 7. Im Auslande vollzog. Strafe	II 53, 57.	
§ 8. „Ausland"		
§ 9. Auslieferung Deutscher . .	II 60.	
§ 10. Deutsche Militärpersonen .		Vgl. Militärstrafen II 542.
§ 11. Unverantwortlichkeit v. Landtagsmitgliedern		Vgl. Parlament. Strafen II 540.
§ 12. Wahrheitsgetreue Berichte üb. Landtagsverhandl. straflos .		

Erster Theil.

Von der Bestrafung der Verbrechen, Vergehen und Uebertretungen im Allgemeinen.

I. Abschnitt. Strafen.		S. die Zusammenstell. unter d. Worte Todesstrafe im Alphab. Register.
§ 13. Todesstrafe	II 467.	
§ 14 u. 15. Zuchthausstrafe . . .	II 478, 504.	Vgl. Gefängnißsyst. II 492.
§ 16. Gefängnißstrafe	II 476ff.	
§ 17 u. 18. Festungshaft	II 478.	Vgl. II 483.
§ 19. Freiheitsstrafen-Berechnung .		

Paragraphe des RStrGB.	Stelle des Buchs.	Bemerkungen.
§ 20. Wahl zwischen Zuchthaus u. Festung . . . . § 21. Verhältnißzahl für beide Strafen	II 483.	Vgl. über Strafmittel überhaupt II 431ff.
§ 22. Einzelhaft	II 435, 478, 482ff. 492ff. 504.	
§ 23—26. Vorläufige Entlassung . § 27. Geldstrafe . . . . . . § 28—30. Umwandlung in Geld . § 31. Nothwendige Straffolge der Zuchthausstrafe . . . . . § 32. Fakultative Straffolge der Todes- u. Zuchthausstrafe . . § 33 u. 34. Inhalt der Aberkennung bürgerlicher Ehrenrechte . . § 35 u. 36. Fakultative Nebenstrafen bei Gefängnißstrafe . . . § 37. Bei Verurtheilg. eines Deutschen im Auslande. . . .	II 484. II 519. II 491. II 505.	„Bedingte Entlassung" der Strafgefangenen. Vgl. üb. Ehrenstraf. II 500ff.
§ 38 u. 39. Polizeiaufsicht . . . § 40. Einziehung einzelner Gegenstände . . . . § 41. Bei Druckschriften ꝛc. . . . § 42. Selbständige Erkennung der Einziehung	II 14, 497. II 514. II 515.	Vgl. über Confiscation überhaupt I 64, II 439, 512.
II. Abschnitt. Versuch.		Siehe den Aufsatz über Begriff und Thatbestand d. Verbrechens II 87ff., über Zurechnungsfähigkeit und verbrecherischen Willen II 149ff., insbes. über Vorsatz II 183ff., Absicht II 196, überlegten Vorsatz II 193, Rechtsirrthum II 195, 212, 213, thatsächlichen Irrthum II 201, 205, Zweck II 198; endlich über Fahrlässigkeit II 177.
§ 43. Begriff . . . . § 44. Strafe	II 270ffg., 284, 285, 286. II 271, 276.	Vergl. zur Geschichte des Versuchs I 70, 86. Vergl. über Irrthum beim Versuch II 121, 271, 273, 274, 275, 276, 280 281, 290ff., 300ff.
§ 45. Aberkennung bürgerl. Ehrenrechte . . . . § 46. Straflos	II 271, 276, 290, 300ff., 303.	Vgl. den Abschnitt: Ehrenstrafen II 500ff.
III. Abschnitt. Theilnahme.		Vergl. zur Geschichte der Theilnahme I 38, 86, II 325, 327, 329, 331.
§ 47. Gemeinsamer Begriff und Strafe	II 116, 287, 322ff., 335.	

Paragraphe des RStrGB.	Stelle des Buchs.	Bemerkungen.
§ 48. Anstifter	II 336ff.	Dann zur Casuistik im Einzelnen den Aufsatz über Theilnahme II 322fgg., über Anstiftung II 336ff., endlich Beihilfe II 379ff.
§ 49. Gehilfe	II 337, 379ff.	
§ 50. Persönliche Eigenschaften des Thäters	II 365.	Ueber Irrthum insbesondere bei Theilnahme s. II 341, 360.
IV. Abschnitt. Gründe welche die Strafe ausschließen oder mildern.		
§ 51. Bewußtlosigkeit oder krankhafte, die freie Willensbestimmung ausschließende Störung der Geistesthätigkeit	II 157ff., 219ff.	Vgl. den Aufsatz über Geisteskrankheiten vom ärztlichen Standpunkte aus II 219ff.
§ 52. Ausschluß einer strafbaren Handlung im Falle der Gewalt und Drohung	II 169, 176, 258	Vgl. die betr. Casuistik in dem Aufsatze über Theilnahme II 322ff., besonders II 342, 355.
§ 53. Desgl bei Nothwehr	II 138ff.	Vgl. über den Allgemeinen Thatbestand II 108ff. u. besonders üb. Mangelnde Rechtsverletzung II 121ff.
§ 54 Desgl. bei Nothstand.	II 132ff. 569.	
§ 55. Unter 12 Jahren	II 160.	
§ 56. Zwischen 12 und 16 Jahren	II 552 vgl. mit II 565.	
§ 57. Zwischen 12 und 18 Jahren		
§ 58. Taubstumme	II 164.	
§ 59. Nichtkenntniß der zum Thatbestand nöthigen Thatumstände	II 203.	Vgl. zu Al. 1 den ganzen Aufsatz über den Verbrecherischen Willen II 176ff., insbesondere über Vorsatz II 183ff. Ueb. Irrthum vgl. II 290ff., 300ff., 341, 360.
Al. 2 bei Fahrlässigkeit	II 177, 178, 179ff. II 182, 183.	Vergl. zu Al. 2 den eben citirten Aufsatz, besonders II 213ff., 215ff.
§ 60. Untersuchungshaft abzurechn.		
§ 61—65. Strafantragsverjährung	II 628.	Siehe die Geschichte der Privatanklage, Privatbuße und der Privatdelikte I 10, 38, 60, 64, II 452. vgl. üb. Privatfehde I 58, 64, II 446 u. b. Strafrechtsentwicklung in der lehensrechtlichen Periode I 57, II 449.
§ 66. Verjährung der Strafverfolgung u. d. Strafvollstreckung im Allgemeinen	II 601ff.	Vgl. Verjährung II 601ff.

Paragraphe des RStrGB.	Stelle des Buchs.	Bemerkungen.
§ 67. Verjährung der Strafverfol- gung . . . . § 68. Unterbrechung der Verjährg. § 69. Ruhende Verjährung . . . . § 70 u. 71. Verjährung der Straf- vollstreckung . . . . . . § 72. Unterbrechung	II 601ff. II 619ff. II 601ff. II 619ff.	Vgl. Verjährung II 601ff.
V. Abschnitt. **Zusammentreffen mehrerer straf- barer Handlungen.**		
§ 73. Eine Handlung verletzt meh- rere Strafgesetze	II 579ff. 581ff.	Ideale Concurrenz. Vergl. den Aufsatz über Straf- anwendung (II 547ff.) b. Zusammenfluß von Ver- brechen II 573.
§ 74—79. Reale Concurrenz . .	II 579ff. 581ff.	Ueber Strafausmessung im Allgemeinen f. II 556ff., über die besonderen Strafmilderungsgründe (Jugend, Provokation, „Mildernde Umstände“ f. II 552ff., endlich über ge- minderte Zurechnungsfä- higkeit II 158.

Zweiter Theil.

Von den einzelnen Verbrechen, Vergehen und Uebertretungen und deren Bestrafung.

I. Abschnitt. **Hoch= und Landesverrath.**		
§ 80—81. Hochverrath . . . § 82. Vollendung . . . . . . § 83. Wenn es nicht zum Beginn d. Handlung gekommen. § 84. Vorbereitungshandlungen . § 85. Oeffentliche Aufforderung . § 86. Sonstige Strafe der vorbe- reitenden Handlungen . . . § 87. Landesverrath . . . . § 88. 89. Deutsche im feindlichen Heeresdienste bei ausgebro- chenem Kriege . . . . . . § 90. Verrätherische Handlungen im gleichen Fall . . . . . . § 91. Verfahren gegen Ausländer.	III 3ff. III 21ff. III 20ff. III 30ff. III 45ff. III 46ff. III 46ff. II 31ff.	Vgl. II 277, 278, 231, 287, 303, 344ff.

Paragraphe des RStrGB.	Stelle des Buchs.	Bemerkungen.
§ 92. Verrath von Staats- und militärischen Geheimnissen .	III 52ff.	
§ 93. Vermögens - Beschlagnahme in §§ 80, 81, 83, 84, 87—92	III 55ff.	
II. Abschnitt. **Beleidigung des Landesherrn.**		
§ 94. Thätlichkeiten gegen. . .		
§ 95. Beleidigungen	„Majestätsbeleid."	
§ 96 u. 97. Thätlichkeiten geg. ein Mitglied des landesherrl. Hauses	III 60ff.	
III. Abschnitt. **Beleidigung der Bundesfürsten.**		
§ 98—101	III 60ff.	
IV. Abschnitt. **Feindliche Handlungen gegen befreundete Staaten.**		
§ 102—104	III 60ff.	
V. Abschnitt. **Verbrechen und Vergehen in Beziehung auf die Ausübung staatsbürgerlicher Rechte.**		
§ 105. Thätlichkeit gegen Senat, Bürgersch., gesetzgebende Versammlung . . .	Einleitung III 75ff. III 78.	
§ 106. gegen ein Mitglied . .	III 81.	
§ 107. gegen jeden Deutschen. .	III 83.	
§ 108. Herbeiführung eines unrichtigen Wahlergebnisses .	III 87.	
§ 109. Kaufen oder Verkaufen von Wahlstimmen	III 88ff.	
VI. Abschnitt. **Widerstand gegen die Staatsgewalt.**		
§ 110. Oeffent. Aufforderung zum Ungehorsam . .	Allg. III 90ff. 96ff. III 101ff. 108ff.	
§ 111. zu einer sonstigen strafbaren Handlung	III 112ff.	
§ 112. Diesbezügl. Anreizung von Soldaten	III 114.	
§ 113 u. 114. Gewaltthät. Widerstand gegen Beamte . .	III 115ff. 125ff.	
§ 115. Theilnahme an Zusammenrottungen (Aufruhr) . .	III 129ff.	

Paragraphe des RStrGB.	Stelle des Buchs.	Bemerkungen.
§ 116. Nichtauseinandergehen einer Menschenmenge trotz Aufforderung (Auflauf) . . .	III 135ff.	
§ 117. Widerstand gegen Forstbedienstete ꝛc.	III 137ff.	
§ 118 u. 119. Strafe	S. vorher.	
§ 120. Gefangenenbefreiung	III 142ff.	
§ 121. — Entweichenlassen . . .		
§ 122. Complott der Gefangenen u. gemeinsame gewaltthät. Befreiung. (Meuterei) . .	III 142ff., 147ff.	

VII. Abschnitt.
Verbrechen und Vergehen wider die öffentliche Ordnung.

§ 123. Hausfriedensbruch . .	III 153ff.	Vgl. zur Rechtsgeschichte des
§ 124. Menge unter gemeinsamer Absicht auf Gewaltthätigkeit	III 160.	Friedens I 54, 54³, 55, 57.
§ 125. Bei verübter Gewalt (Landfriedensbruch)	III 162ff.	Ebenso I 57, 58, 72. II 117,
§ 126. Landzwang	III 163ff.	126¹, 446, 449.
§ 127. Bewaffnete Haufen . . .	III 164.	
§ 128 u. 129. Verbotene Verbindungen (gegen Vereinsrecht)	III 165ff. III 960.	
§ 130. Anreizung in friedensgefährlicher Weise. . . .	III 168ff.	
§ 130ª. Kanzelmißbrauch . .	III 172.	
§ 131. Verleumdung v. Staatseinrichtungen ob. obrigkeitlichen Anordnungen . .	III 173ff.	
§ 132. Unbefugte Eingriffe in ein Amt	III 178ff.	
§ 133. Beiseiteschaffung von Urkunden ꝛc.	III 182ff.	
§ 134—136. Vergehen an öffentlichen Bekanntmachungen, Hoheitszeichen u. amtlichen Siegeln . . .	III 186ff.	
§ 137. Beiseiteschaffung verstrickter Sachen . . .	III 189ff.	
§ 138. Unwahre Entschuldig. von Geschworenen, Schöffen, Zeugen u. Sachverständigen	III 196.	
§ 139. Unterlassene Anzeige bevorstehender Verbrechen	III 197ff.	Vgl. II 120, 391. Beihilfe durch Nichtanzeige bevorstehender Verbrechen.
§ 140—143. Vergehen in Bezug auf den Militärdienst . .	III 201ff.	
§ 144. Verleitung zur Auswanderung	III 210.	
§ 145. Vergehen durch Schiffszusammenstoß zur See .	III 211.	

Paragraphe des RStrGB.	Stelle des Buchs.	Bemerkungen.
VIII. Abschnitt.		
Münzverbrechen u. Münzvergehen.	Einl. zum Abschn.	
§ 146. Metall= und Papiergeldfälschung	III 215ff.	
§ 147. Verbreitg. gefälschten Geldes	III 220f.	
§ 148. Verbreitung falschen Geldes	III 22?.	
§ 149. Geld und Geldwerth . .		
§ 150. Beschneiden zc.		
§ 151. Stempel = Anschaffung und Fertigung zc.	III 224.	
§ 152. Einziehung		
IX. Abschnitt.		
Meineid.	Einleitung III 229.	
§ 153. Meineid i. e. S. . . .		
§ 154. Falsches beschworenes Zeugniß oder Gutachten . . .	III 232.	
§ 155. Gleichstellung mit der Eidesablegung		
§ 156. Versicherung an Eidesstatt	III 238.	
§ 157, 158. Fälle an der Strafermäßigung bei § 153 u. 154	III 245.	
§ 159, 160. Verleitung zu Meineid und falschem Eid	III 240.	Vgl. die Abhandlung über Anstiftung überhaupt II 336ff.
§ 161. Straffolgen	III 245.	
§ 162. Zuwiderhandlung gegen eidl. Sicherheitsgelobung oder Offenbarungseid. (Eidesbruch)	III 242.	
§ 163. Bei 153—156 Fahrlässigkeit zu strafen. (Fahrlässiger Falscheid). . . . . Al. 2 Straflosigk. bei rechtzeitigem Rücktritt.	III 243.	
X. Abschnitt.		
Falsche Anschuldigung.	Einleitung III 253.	
§ 164, 165. F. A. bei Behörden .	III 255ff.	
XI. Abschnitt.		
Vergehen, welche sich auf die Religion beziehen.	Einleitung III 263.	
§ 166. Oeffentl. Aergerniß durch Gotteslästerung, interconfessionelle Friedensstörung und Beschimpfung .	III 266.	
§ 167. Gewaltthätigkeit und Drohung, Kirchenfriedenstörung	III 269.	
§ 168. Vergehen bezüglich Leichen	III 271.	

Paragraphe des RStrGB.	Stelle des Buchs.	Bemerkungen.

XII. Abschnitt.
Verbrechen und Vergehen in Be-
ziehung auf den Personenstand.

§ 169. Kindsunterschiebung, Perso-
nenstandsunterdrückung . .
§ 170. Betrügliche Verleitung zur
Ehe . . . . }III 277.

XIII. Abschnitt.
Verbrechen und Vergehen wider
die Sittlichkeit.

§ 171. Bigamie . . . . III 289.
§ 172. Ehebruch . . . . . . III 295.
§ 173. Blutschande . . . . . III 301.
§ 174. Mißbrauch von besonderen Verhältnissen zur Un-
zucht . . . . III 302. III 960, 961.
§ 175. Widernatürliche Unzucht . III 313.
§ 176. Gewaltf. unzüchtige Haud-
lungen an Frauen, Mißbrauch
Willenloser und Kinder . . III 302.
§ 177. Nothzucht . . . . . III 309.
§ 178. Strafe zu § 176 und 177.
§ 179. Betrügliche Verleitung zum
Beischlaf . . . . . . III 314.
§ 180, 181. Kuppelei . . . . . III 316. III 961.
§ 182. Verführung . . . . . III 314.
§ 183. Oeffentliches Aergerniß durch
Unzucht . . . . . . III 321.
§ 184. Verbreitung unzüchtiger
Schriften . . . . . . III 324.

XIV. Abschnitt.
Beleidigung.

Einleitung III 329.
§ 185. Mittelst Thätlichkeit . . }III 335.
§ 186. Mit Worten . . . .
§ 187. Verleumdung . . . . . III 352.
§ 188. Buße an den Beleidigten auf
Verlangen in den Fällen d.
§ 186 u. 187 . . . . III 372.
§ 189. Beschimpfung des Andenkens
Verstorbener . . . . . III 273. 357.
§§ 190—192. Einrede der Wahrheit . . . . III 360.
§ 193. Bei Kritik . . . . . III 336.
§ 194—198. Strafverfolgung (Antrag ꝛc.) . . . . . . III 363ff.

Paragraphe des RStrGB.	Stelle des Buchs.	Bemerkungen.
XV. Abschnitt. **Zweikampf.** § 201—210	Einl. u. Geschichte III 381 ff. III 391 ff.	
XVI. Abschnitt. **Verbrechen und Vergehen wider das Leben.**	Einl. über Tödtung im Allgemeinen III 405 ff.	Vgl. insbesondere den allgemeinen Aufsatz über Begriff und Thatbestand d. Verbrechen überh. II 85 ff. (II S. 121 ff. über mangelnde Rechtsverletzung). Vgl. zu diesem Abschnitt d. Abhandlung: „Die Körperverletzungen, die gewaltsamen Todesarten u. die Biothanatologie der Neugebornen“ und zwar den Abschnitt von den gewaltsamen Todesarten III 482 ff. Vgl. in der citirten Abhandlung den Abschnitt über die Lehre vom zweifelhaften Leben und Tod d. Neugebornen III 508 ff.
§ 211. Mord	III 425 ff.	
§ 212. Todschlag	III 433 ff.	
§ 213. Provokation bei Todschlag.	III 435.	
§ 214. Vorsätzliche Tödtung b. Ausführung eines Verbrechens.	III 440.	
§ 215. Todschlag an Ascendenten.	III 442.	
§ 216. Auf Verlangen des Getödteten	III 444.	
§ 217. Kindsmord	III 448.	
§ 218. Abtreibung		
§ 219. Beihilfe hiebei gegen Entgelt	III 455.	
§ 220. Abtreibung durch Dritte gegen den Willen der Schwangeren		
§ 221. Aussetzung	III 463.	
§ 222. Fahrlässige Tödtung .	III 469.	
XVII. Abschnitt. **Körperverletzung.**	Geschichtl. Einleitg. III 519.	Vgl. die Abhandlung: Die Körperverletzungen u.s.w. (v. gerichtsärztl. Standpunkte aus) III 475 ff. Schwere Körperverletzung f. l. c. III 476.
§ 223. Begriff; (leichte Körperverletzung) . . . . . . Al. 2 an Ascendenten . .	Allg. Einl. III 525 III 546, 549. Al. 2. III 547, 548.	
§ 224. Schwere Körperverletzung		
§ 225. Wenn der schwere Erfolg beabsichtigt war . . .	III 535, 546.	
§ 226. Mit tödtlichem Erfolg . .	III 544, 549.	
§ 227. Tod bei Schlägerei . .	III 551.	
§ 228. Mildernde Umstände bei § 224, 226 u. 227 . . .	III 549.	
§ 229. Mit Gift	III 556.	
§ 230. Fahrlässige Körperverletzung	III 549.	
§ 231. Privatbuße auf Verlangen des Verletzten	III 550.	
§ 232. Die Reate § 223 u. 230 sind Antragsreate	III 545.	
§ 233. Ratorston bei leichten Körperverletzungen resp. Beleidigungen	III 550.	

Paragraphe des RStrGB.	Stelle des Buchs.	Bemerkungen.
XVIII. Abschnitt.		
Verbrechen und Vergehen wider die persönliche Freibeit.	Einl. III 567, 581, 588, 597, 609.	
§ 234. Menschenraub	III 600.	
§ 235. An Minderjährigen . . .	III 603.	
§ 236. Entführung	} III 614.	
§ 237. Einer Minderjährigen . .		
§ 238. Strafverfolgung bei eingetretener Heirath	III 618.	
§ 239. Gefangenhaltung	III 590.	
§ 240. Nöthigung	III 573.	
§ 241. Bedrohung	III 582.	
XIX. Abschnitt.		
Diebstahl und Unterschlagung.	Einl. III 621.	
§ 242. Begriff und Strafe . . .	III 628ff., 664, 706.	
§ 243. Schwere Diebstahls-fälle	III 672, 686.	
und zwar:		
1. Kirchendiebstahl . . .	III 674.	
2. Einbrechen u. Einsteigen	III 674.	
3. Nachschlüssel	III 679.	
4. Bei Reise und Transport	III 679.	
5. Bewaffnet	III 680.	
6. Bande	III 682.	
7. Zur Nachtzeit	III 683.	Vgl. II 415.
§ 244. 245. Wiederholter Rückfall .	III 686.	
§ 246. Unterschlagung . . .	III 689, 706	
§ 247. Diebstahl und Unterschlagung: an Angehörigen, Vormündern, Lohnherrn nur auf Antrag verfolgbar	III 709.	
Al. 2 verübt von Ascendenten, Descendenten oder Ehegatten, straflos	III 712.	
Al. 3. Unanwendbarkeit auf (andere) Theilnehmer . .	III 713.	
§ 248. Straffolgen	III 706.	
XX. Abschnitt.		
Raub und Erpressung.		
§ 249. Raub	III 716.	
§ 250, 251. Qualifiz. Raub .	III 720.	
§ 252. Gleichstellung des gewaltthätigen Diebs	III 722.	
§ 253. Erpressung	III 725.	
§ 254. Unter Bedrohung mit Mord, Brandstiftung, Ueberschwemmung	III 734.	

Paragraphe des REtrGB.	Stelle des Buchs.	Bemerkungen.
§ 255. Strafe bei Gewaltanwendung oder Drohung auf Leib und Leben	III 734.	
§ 256. Straffolgen.		
XXI. Abschnitt.		
Begünstigung und Hehlerei.	Einl. III 735ff.	
§ 257. Begünstigung	III 739 ff.	Vgl. über Begünstigung i. Allgemeinen II 417ff.
§ 258. Hehlerei	III 743.	
§ 259. Die Partirerei	III 744.	
§ 260. Gewerbs- und gewohnheitsmäßige Hehlerei	III 748.	
§ 261. Wiederholter Rückfall bei Hehlerei		
XXII. Abschnitt.		
Betrug und Untreue.		
§ 263. Betrug	III 753.	
§ 264. Wiederholter Rückfall . .	III 778.	
§ 265. Betrug an Feuerversicherung	III 780.	
§ 266. Untreue	III 781.	
XXIII. Abschnitt.		
Urkundenfälschung.	Einl. III 785.	
§ 267. Begriff und Strafe . . .	III 788.	
§ 268. Schwere Form der Urkundenfälschung . . .	III 799.	
§ 269. Ausfüllung der Urkunden eines Dritten	III 801.	
§ 270. Benutzung gefälschter Urkunden	III 802.	
§ 271—273. Falsche Beurkundung	III 803.	
§ 274. Unterdrückung von Urkunden und Grenzmerkmalen . .	III 806.	
§ 275. Fälschung und resp. Gebrauch gefälschter Stempelmarken, Stempelblankette, Stempelabbrücken, Post- ob. Telegraphenfreimarken und gestempelter Briefcouverts .	III 809.	
§ 276. Rückfall bei Gebrauch . .	III 810.	
§ 277—279. Falsche Gesundheitszeugnisse	III 811.	
§ 280. Straffolgen	III 799 ff.	
XXIV. Abschnitt.		
Bankerutt.	Einl. III 812 ff.	
§ 281. Betrügl. Bankerutt der Kaufleute	III 817.	

Paragraphe des RStrGB.	Stelle des Buchs.	Bemerkungen.
§ 282. Theilnahme Dritter hiebei .	III 822.	
§ 283. Einfacher Bankerutt .	III 824.	
XXV. Abschnitt.		
Strafbarer Eigennutz und Ver-		
letznng fremder Geheimnisse.		
§ 284. 285. Glücksspiele	III 827.	
§ 286. Lotterien	III 829.	
§ 287. Falsche Waarenbezeichnung.	III 830ff.	
§ 288. Verkürzung der Gläubiger		
bei Zwangsvollstreckung . .	III 831.	
§ 289. Wegnahme der eigenen Sache	III 836.	
§ 290. Unbefugter Gebrauch von		
Pfandsachen	III 837.	
§ 291. Aneignung verschossener		
Munition	III 838.	
§ 292—295. Unberechtigtes Jagen		
(„Wilddiebstahl“) . .	III 839.	
§ 296. Fischen und Krebsen . . .	III 842.	
§ 297. Anbordnahme von Contra-		
bande	III 842.	
§ 298. Entlaufen mit der Heuer .	III 843.	
§ 299. Verletzung des Brief- und		
Urkundengeheimnisses . .	III 844.	
§ 300. Verletzung von Privatge-		
heimnissen	III 844. III 961.	
§ 301, 302. Gewinnsüchtige Be-		
nutzung des Leichtsinns oder		
der Unerfahrenheit Minder-		
jähriger	III 846.	
XXVI. Abschnitt.		
Sachbeschädigung.	Einl. III 848ff.	
§ 303. Einfache Sachbeschädigung	III 853.	
§ 304, 305. Qualifizirte	III 854.	
XXVII. Abschnitt.		
Gemeingefährliche Verbrechen und		
Vergehen.	Einl. III 859ff.	
	Spez. Einl. III 870.	
§ 306. Brandstiftung	III 874.	
§ 307. Erschwerte Brandstiftung	III 884.	
§ 308. Brandstiftung an Magazinen		
und Vorräthen	III 879.	
§ 309. Fahrlässige Verur-		
sachung eines Brandes	III 887.	
§ 310. Rechtzeitige Selbstlöschung	III 883.	
§ 311. Vernichtung durch Explo-		
sionen	III 881.	
§ 312—314. Ueberschwemmung	III 889.	

Paragraphe des REtrGB.	Stelle des Buchs.	Bemerkungen.
§ 315. Beschädigung an Eisen- bahnen und Beförderungs- mitteln	III 893, 896ff.	
§ 316. Fahrlässige Gefähr- dung des Eisenbahn- Transports	III 962.	
§ 317—320. Telegraphen-Be- schädigung	III 893, 896ff. III	
§ 321. Beschädigung von Wasser- leitungen und Dämmen, Brücken, Fähren und Wegen, Störung des Fahrwassers .	962.	
	III 901.	
§ 322. Zerstörung von Feuerzeichen zur See	III 903.	
§ 323. Bewirkung der Strandung		
§ 324. Brunnenvergiftung .	III 904.	
§ 325. Nebenstrafe.		
§ 326. Fahrlässigkeit bei § 321 bis 324	III 903, 904.	
§ 327. Verletzung von Absperrungs- maßregeln gegen Epide- mien	III 868, 906, 907.	
§ 328. Gegen Viehseuchen . . .	III 86>, 906, 908.	
§ 329. Nichterfüllung von Liefe- rungs-Verträgen bei Krieg oder Noth	III 909.	
§ 330. Gefahr durch Bauten . .	III 910.	
XXVIII. Abschnitt.		
Verbrechen u. Vergehen im Amte.	Einl. III 915ff.	
§ 331, 332. Bestechung, auf Seite des Beamten	III 963ff.	
§ 333. — auf Seite des Bestechen- den		
§ 334, 335. Bestechung eines Rich- ters, Schiedsrichters, Ge- schworenen oder Schöffen .	III 969, 971.	
§ 336. Beugung des Rechts .	III 977ff., 979.	
§ 337. Verfrühte Eheeinseg- nung durch Geistliche .	III 1018.	
§ 338. Beihilfe eines Religionsdie- ners zur Eingebung einer Bigamie	III 1008.	
§ 339. Mißbrauch der Amts- gewalt	III 973.	
§ 340. Körperverletzung durch einen Beamten in Berufs- ausübung	III 949, 952.	
§ 341. Vorsätzl. unberechtigte In- haftnahme	III 949, 953.	
§ 342. Hausfriedensbruch (Hausfriedensstörung) durch Beamte im Beruf . . .	III 949, 953.	

Paragraphe des RStrGB.	Stelle des Buchs.	Bemerkungen.
§ 343. Erpressung v. Geständnissen	III 978ff. 984.	
§ 344. Vorsätzl. Untersuchung gegen Unschuldige	III 978ff. 980.	
§ 345. Absichtlich falsche Strafvollstreckung	III 978ff. 982.	
§ 346. Absichtl. Unterlassung einer Untersuchung gegen Schuldige	III 978ff. 982.	
§ 347. Entweichenlassen von Gefangenen	III 949. 954.	
§ 348. 349. Falsche Beglaubigung oder Eintragung, Vernichtung und Beiseiteschaffung von Urkunden . . .	III 956. 991ff.	
§ 350. 351. Unterschlagung amtlich empfangener Gelder	III 957. 991ff.	
§ 352. Falsche Gebühreuerhebg. („Uebervortheilung") durch Beamte, Advokaten, Anwälte u. Rechtsbeistände	III 998.	
§ 353. Uebervortheilung durch Beamte, wenn unverrechnet .	III 998.	
§ 354. Eröffnung oder Unterdrückg. von Poststücken durch Postbeamte	III 1002.	
§ 355. Telegramm-Verfälschung, Verrath, Unterdrückung durch Telegraphenbeamte .	III 1012.	
§ 356. Prävarikation der Advokaten, Anwälte u. Rechtsbeistände	III 1015.	
§ 357. Amtsvorgesetzte b. Mißbrauch der Untergebenen zu strafbaren Handlungen . .	III 1010.	
§ 358. Nebenstrafe bei § 331. 339. 341. 352—355. 357 . . .	S. vorher.	
§ 359. Begriff des Beamten	III 936ff.	Vgl. III 932ff.*)

*) Die Uebertretungen (**XXIX**. Abschnitt) § 360—370 sind nicht in das Buch aufgenommen, dafür aber ein Excurs über **Nachdruck und Nachbildung** (Band III, S. 1022 bis 1046) beigefügt. Uebrigens finden sich aus dem Abschnitte über Uebertretungen gelegentlich folgende Bestimmungen besprochen:

§ 360 Ziff. 10. Nichtfolge einer polizeilichen Aufforderung bei gemeiner Noth	III 869.	
§ 366 Ziff. 1 Sonntagsfeierstörung	III 273.	
§ 367 Ziff. 4, 5, 6. Verletzung feuerpolizeilicher Vorschriften . .	III 889.	

III. Anhang.

Designation der Autoren nach der Reihenfolge der Seitenzahlen der drei Bände.

———

Band I.

S. bis S.

1—238. von Holtzendorff (Einleitung in das Strafrecht).
239—344. Heinze (Strafrechtstheorieen u. Strafrechtsprinzip).

Band II.

1— 22. Heinze (Reichsstrafrecht und Landesstrafrecht).
23— 64. Schwarze (Wirkungskreis des Strafgesetzes).
65— 84. Merkel (Analogie und Auslegung des Gesetzes).
85—218. Schaper (Begriff und allgemeiner Thatbestand des Verbrechens, Zurechnungsfähigkeit und Verbrecherischer Wille).
219—266. Skrzeczka (Geisteskrankheiten).
267—318. Schwarze (Versuch und Vollendung).
319—428. Geyer (Theilnahme, Complott, Begünstigung).
429—544. Wahlberg (Strafmittel).
545—584. Merkel (Strafanwendung).
585—617. Heinze (Wegfall der Strafe).

Band III.

1—212. John (Verbrechen gegen den Staat).
213—226. Merkel (Münzverbrechen und Münzvergehen).
227—260. Dochow (Meineid, Falsche Anschuldigung).
261—274. Wahlberg (Vergehen in Bezug auf Religion).
275—326. Schwarze (Verbrechen und Vergehen in Bezug auf Personenstand, gegen die Sittlichkeit).

327– 378. **Dochow** (Beleidigung).

379—402. **Teichmann** (Zweikampf).

403—472. **von Holtzendorff** (Tödtung).

473—514. **Liman** (Körperverletzung, Tödtungen ꝛc.).

515—618. **Geyer** (Vergehen gegen die leibliche Unversehrtheit, gegen die persön: liche Freiheit).

619– 856. **Merkel** (Diebstahl, Unterschlagung, Raub, Begünstigung, Hehlerei, Be: trug und Untreue, Urkundenfälschung, Bankerutt, Eigennutz und Verletzung fremder Geheimnisse, Sachbeschädigung).

857–912. **Schaper** (Gemeingefährliche Verbrechen und Vergehen).

913—1018. Staatsanwalt **Meves** (Amtsverbrechen).

1019—1047. **Dambach** (Nachdruck ꝛc.).